ADRIANA KAREMBEU

TOUT CE QUE VOUS AVEZ TOUJOURS VOULU SAVOIR POUR ÊTRE AU TOP ET LE RESTER

Michel LAFON

INTRODUCTION

Vous me connaissez pour ma première carrière de mannequin. Mais si j'ai arpenté les podiums, ai fait la couverture de magazines, c'est le fruit du hasard, car mon rêve, à la base, était de devenir médecin. Comme ma mère.

Elle était nutritionniste (aujourd'hui à la retraite), belle, intelligente, débrouillarde. Elle m'a inspirée, et grâce à elle, je me suis intéressée à la santé, au bien-être. J'ai travaillé d'arrache-pied pour intégrer l'université Charles IV, la plus ancienne d'Europe centrale et la plus réputée du pays, celle-là même où ma mère avait fait ses études. Elle m'en avait tellement parlé que cette faculté était mon Graal et que j'ai tout fait pour réussir le concours d'entrée et avoir la chance d'avoir les professeurs dont elle m'avait tellement vanté l'enseignement !

J'étais en troisième année de médecine quand j'ai été repérée dans mon pays, la Tchéquoslovaquie, à l'époque. Quelques semaines plus tard, moi qui n'avais jamais mis les pieds hors de chez mes parents et de Prague où était la fac, j'ai atterri seule à Paris, sans parler un mot de français ou d'anglais. J'étais tellement larguée que la première fois qu'on m'a dit que j'allais passer un « test », j'ai cru que c'était un test d'intelligence ! En réalité, j'allais me faire photographier... sans comprendre un traître mot de ce que me demandait le photographe. C'était surréaliste. Les photos étaient réussies mais je ne comprenais absolument rien à ce qui était en train de m'arriver. Mais j'étais là et je me suis battue.

Vous connaissez la suite.

J'ai pris soin de moi, bien sûr, sans pour autant je l'avoue avoir conscience de la nécessité d'entretenir sa santé, en revanche je me

suis toujours intéressée de très près à la nutrition. C'est mon dada, je ne l'ai jamais quitté. Cela m'a servi dans un métier où on peut perdre un peu le sens des réalités. Un petit exemple : j'ai longtemps été maigre, très maigre, or pour la première fois de ma vie on me demandait - sérieusement - de maigrir. C'est simple, je n'étais jamais assez maigre. Les premiers temps, j'ai même cru qu'on me faisait une blague ! Il faut me comprendre, j'arrivais en France, je découvrais une profusion de nourriture incroyable et délicieuse, et voilà qu'on me l'interdisait. J'ai donc voulu comprendre comment bien manger tout en tenant les objectifs des castings, pour rentrer dans les modèles de vêtements. Au début, j'ai fait comme j'ai pu et j'ai commencé par réduire les portions de nourriture au strict minimum. Mais je n'ai pas pu me priver logntemps, je suis trop gourmande pour cela, et suis donc devenue une fana de nutrition. J'ai lu une quantité incroyable de livres et d'articles sur la nutrition, et tout ce que je découvrais me fascinait chaque jour un peu plus. Je découvrais déjà, à ma façon, les « pouvoirs du corps humain ».

Aujourd'hui, je reprends mon bâton de pèlerin et j'assume : je voudrais vous confier mes conseils pour être au top. Bon, pas forcément top model, OK, mais au top tout court, c'est-à-dire bien dans votre corps, dans votre peau, dans votre tête, épanoui, en forme, plus serein, ça, c'est promis. J'aimerais vous parler nutrition, mais aussi sport, bien-être, méditation, équinothérapie, Croix-Rouge, télé, et déclarations d'amour. J'ai tellement de choses à vous dire ! Parce que j'ai envie de partager avec vous, je vais vous parler de ma vie, ma sœur, avocate brillante qui réussit sur tous les fronts, fait du sport, a une motivation de dingue, et à côté de laquelle je fais figure de dilettante accro au sucre. De mon mari, un homme d'affaires remarquable qui m'apprend chaque jour à prendre du recul et à tenir bon contre vents et marées.

Je voudrais désacraliser l'image de papier glacé. Ce n'est pas parce qu'on est mannequin qu'on n'a pas de complexes, des moments avec et des jours sans. On est comme tout le monde. Bon, d'accord, en un peu plus grand... Et un peu plus maquillée et coiffée. Mais le matin, quand on se réveille, on est chiffonnée, pareil. On doute et on prend des coups, pareil. On se relève. On avance, on apprend.
On ose. On grandit. Pareil.

Je ne suis pas une donneuse de leçons. Je ne suis ni médecin, ni infirmière. J'ai découvert tard le plaisir de la bonne cuisine. Peu à peu, pourtant, j'ai relégué dans un coin mes habitudes, mes corsets, physiques et mentaux. J'ai pris mon temps. Mais j'y suis arrivée.
Et je continue chaque jour à progresser.

J'ai 45 ans et mon parcours est jalonné de rencontres enrichissantes.
J'ai eu la chance de croiser des médecins, des professeurs, des chercheurs, des coachs, des maquilleurs, des coiffeurs, des photographes, des couturiers, des artistes, des acteurs, des cuisiniers, bref, une ribambelle de personnalités marquantes.

Tous m'ont appris quelque chose.

J'aimerais partager ces connaissances avec vous, pour vivre bien, mieux, plus longtemps, en forme, bref... pour être au top. Je ne suis aucun précepte, aucune théorie.
J'ai forgé ma façon de faire, très personnelle, en piochant à droite et à gauche ce qui me semblait à même de m'aider à me sentir bien, à m'épanouir.

Manger sainement et avoir une activité physique régulière n'équivaut pas à un certificat : « Bon pour une vie sans soucis jusqu'à 120 ans ». Ça se saurait. Mais au moins, on met toutes les chances de son côté.

Et la bonne nouvelle, c'est qu'il n'est jamais trop tard pour dorloter notre corps comme il le mérite.

Vous verrez, j'ai plein d'autres bonnes nouvelles.
Elles plairont aux jeunes femmes, aux cinquantenaires, à leurs maris, à leurs fils, aux nuls en cuisine, aux sportifs tout-terrain, aux dépendants au sucre, aux allergiques aux salles de sport, aux timides, aux rigolards, aux curieux. L'idée ? Qu'on arrête de souffrir devant une feuille de salade sous prétexte qu'on doit perdre trois kilos, qu'on cesse de déprimer dans un cours collectif d'abdos-fessiers quand on préférerait marcher en forêt... Et que l'on commence à être bienveillant avec soi, pour prendre la bonne direction, la seule qui compte, celle du mieux-être.

Alors... êtes-vous prêt à relever le défi ?

PREMIÈRE PARTIE

Mettez un peu de magie
dans votre assiette

Tout commence dans (ou par)
votre assiette

S'alimenter : les incontournables pour
un corps et un moral au sommet

Bien manger… pour se sentir bien

Ce n'est pas un scoop : on adorerait ça mais personne ne reste mince toute sa vie en s'empiffrant de muffins au chocolat. (En même temps, même si certains chanceux le peuvent, ce n'est pas terrible non plus pour la santé, mieux vaut éviter.) Personne ne se lève un matin en se disant : « Tiens, et si je courais un marathon, aujourd'hui ? » (à part peut-être ma sœur). Il est tellement plus tentant de rester au fond de son canapé sans rien faire de sa journée.

Mais, pour être en forme, il n'y a pas de secret.

Ou plutôt si, il en existe un. Il se résume en un mot peu sympathique, qui donne envie d'aller se rouler en boule sous la couette et de ne plus en bouger, un terme qui n'évoque ni le plaisir, ni le bonheur, ni la douceur.
Et ce fâcheux est ? « Discipline ».

Pas terrible, n'est-ce pas ?

Qui a envie de faire de la « discipline » son mantra ?
Son petit rayon de soleil du matin ?

Pas moi.

Je préférerais « farniente », « rêvasserie » ou, je ne sais pas, moi, « chocolat » !

Eh bien, j'ai tort.

NOTRE CORPS, CET AMI QUI NOUS VEUT DU BIEN

J'ai été élevée les cinq premières années de ma vie par mes grands-parents. Ensuite, j'ai passé tous mes week-ends et mes vacances chez eux. Ils étaient quasiment autosuffisants : ils avaient environ 2 000 mètres carrés de terrain, et tout y poussait, des poires aux groseilles en passant par les potirons, les betteraves, les panais, les framboises, les carottes, les mûres, les cassis, les noix, les pommes, les poivrons, les tomates, les choux de toutes sortes (le légume phare des pays de l'Est, ultra-populaire chez moi), les haricots verts, les haricots secs… c'était incroyable ! Pensez-vous que cette profusion de fruits et légumes aurait été possible sans un minimum de… discipline ? Non. Mon grand-père était un touche-à-tout, bricoleur, inventeur, qui distillait son alcool en cachette (il a d'ailleurs fait exploser un jour la moitié de sa cave avec ses expériences), et il prenait un soin méticuleux à l'organisation de son jardin-potager-verger. Car sa vie en dépendait.

J'aime envisager mon corps comme un terrain semblable à ce jardin, un lieu prodigue. Et si l'on veut récolter le meilleur, il faut se donner du mal. Bêcher, élaguer, planter, arroser, associer les plantes entre elles pour qu'elles poussent au mieux, les couper, les bichonner. Il ne viendrait à l'idée de personne de vouloir faire un potager en regardant les plantes pousser de temps en temps, comme si ça allait fonctionner tout seul. C'est le meilleur moyen de courir à la catastrophe, avec la moitié des récoltes pourries, les arbres et la terre fatigués, et au bout, un champ de bataille !

Il en est de même avec notre corps. Il faut l'entretenir, lui fournir un engrais naturel, doux, qui lui apporte des forces, des nutriments et des vitamines afin qu'il ne s'use pas prématurément, le faire courir ou le renforcer pour qu'il s'oxygène, que les organes fonctionnent au mieux, sans se flétrir.

Laissez-moi vous raconter une petite anecdote (j'ai bien peur que ce ne soit pas la dernière).

VIS
MA
VIE

La parabole de la salade

J'ai découvert les salades (niçoise, César, nordique) quand je suis arrivée en France, en 1992. Et croyez-moi, j'ai halluciné. Chez moi, les trois salades stars de la cuisine (dont je vous parlerai plus loin) ne sont ni des plats, ni des entrées. Elles servent d'accompagnement au plat principal, et on les présente dans de petits bols posés à côté de l'assiette, sorte de cadeau bonus au repas. En gros, on n'accorde aucune importance aux salades, c'est de la gnognotte ! Il faut dire que dans mon pays, on privilégie les plats chauds, et notamment les soupes... la Slovaquie n'est pas connue pour son climat tendre. Nous avons besoin de nous réchauffer ! Quoi qu'il en soit, peut-être parce que je les ai goûtées tard, je n'ai jamais raffolé des salades. Attention ! pas de méprise : j'adore les légumes, en revanche la salade verte reste un mystère pour moi. Pour moi, elle n'a pas d'intérêt à moins de l'assaisonner d'une bonne vinaigrette (et dans ce cas, adieu bénéfice santé et minceur si vous la noyez dans l'huile). Alors j'en mange de temps en temps parce que je sais que c'est bon pour mon corps. Mais je ne l'assomme pas à coups de calories et je lui offre une belle brochette de vitamines en l'agrémentant d'autres légumes colorés qui égaient mon assiette.

Tout récemment, je suis allée au restaurant avec mon mari, et après avoir longuement inspecté le menu (Mmmh, un risotto à la truffe ! Ouh là, une tatin de légumes parfumés !), j'ai fini par choisir une salade pour me donner bonne conscience et être aussi sage que lui. Erreur fatale. Surtout quand on sait que j'adore aller au restau. J'ai d'ailleurs un peu une mentalité d'un autre âge avec ça : en prévision d'un repas au restaurant, je fais attention à ce que je mange au déjeuner pour avoir bien faim au dîner et pouvoir profiter au maximum du savoir-faire des pros. C'est d'ailleurs pour ça que j'ai la réputation d'avoir un bon coup de fourchette. Ce soir-là, quand j'ai vu mon assiette arriver, je l'ai su tout de suite : c'était la tristesse incarnée. Et au goût, ce n'était pas mieux : la laitue ressemblait à l'idée que je me fais d'un morceau de tissu, trois lamelles de concombre fines comme du papier se battaient en duel avec deux tomates cerises coupées en deux et quatre rondelles de carotte.

Ennui et frustration totale.

J'ai arrosé la salade de deux verres de vin, et je suis rentrée à l'hôtel. Mon mari s'est endormi... et moi, j'ai tourné en rond. J'avais faim. Il me manquait quelque chose, une satisfaction des papilles, de la mastication... J'ai d'abord résisté. Pas facile : la faim était tapie, bien présente malgré ma salade. Je connais la faim : j'ai trompé la faim pendant vingt ans. Je mesure 1,85 m, et dans les agences, où on prenait nos mesures toutes les semaines avant de nous envoyer sur les castings pour être sûr que nous rentrerions dans les 34/36 des prototypes (et tant pis quand, comme moi, on mesure 1 m 85). Et cela représentait un sacré effort tout en mangeant équilibré. Mais revenons à mon estomac seul et déprimé avec sa salade. Lorsqu'il s'est mis à gargouiller trop fort, je n'ai pas tenu, j'ai décidé de l'écouter. Personne n'était là pour me retenir. Mon mari dormait tranquillement et la salade-tissu avait provoqué en moi une telle frustration que j'étais incapable de résister à la tentation, quelle qu'elle soit. J'ai fouillé dans les placards, et j'ai déniché un énorme paquet de chips. Un objet improbable, sorte de pot format familial géant qui aurait pu nourrir cinq personnes pendant trois jours, un monstre déguisé en chips. Qu'est-ce que j'ai fait ? Évidemment : je l'ai englouti. Et c'était trop bon ! Ça croustillait, c'était salé juste comme il faut, c'était à la fois répugnant et délicieux... Ce sont des choses qui arrivent, ce n'est pas la première fois et ce ne sera pas la dernière, voilà ce qui se passe quand on s'impose trop de restrictions. C'est un peu comme dans le dessin animé Shrek, même les princesses peuvent se transformer en ogre de temps en temps. Ce monstre qui l'habite, il ne s'agit pas de l'éliminer mais de trouver les armes pour l'apprivoiser. J'ai pour adage « gourmande un jour, gourmande toujours », simplement il faut savoir réguler !

Si je vous raconte ça, c'est d'abord pour être honnête : personne n'est parfait, moi la première. Mais c'est surtout parce que de cette parabole découlent quelques préceptes fameux que je voudrais partager avec vous.

TU SERAS BIENVEILLANT AVEC TOI-MÊME

Pour être en forme, il faut d'abord déculpabiliser. Selon notre humeur, notre état psychologique, nos soucis et nos préoccupations, on oscille toutes et tous entre volonté et laxisme. Pour se sentir bien, il est important d'être bienveillant avec soi-même. On craque à un moment ou un autre, et ce n'est pas grave. Ce qui compte, c'est de tenir une ligne à long terme et de s'y engouffrer comme on peut, à son rythme. Je vous le répéterai probablement à de nombreuses reprises : on n'arrive à rien sans plaisir, sans amusement. Et parfois, il est bon, voire primordial, de savoir lâcher prise. Dans notre société de performance, dès qu'on fait un pas de côté (surtout quand il s'agit de se contrôler), on a l'impression d'avoir commis un crime. C'est faux. Le mieux-être prend racine dans une réconciliation complète avec soi-même, faiblesses et petits défauts compris. Pour être heureux, il faut commencer par être son meilleur ami.

DE FRUSTRATIONS TU NE TE CRÉERAS POINT

Être toujours dans le contrôle génère des frustrations, voire des obsessions. C'est mon cas. Si je me dis que j'ai quelques kilos à perdre et qu'il ne faut surtout pas que j'ouvre un paquet de gâteaux, je vais me mettre à penser au paquet de gâteaux... et à rien d'autre. Mmmmh, son croustillant, miam, ses pépites de chocolat qui fondent. Comment ne pas faire autrement ? Ma sœur a un truc imparable pour ça : elle n'a plus un seul paquet de gâteaux chez elle ! Elle fait ses courses au jour le jour, pour éloigner la tentation. Je ne suis pas capable de l'imiter même si c'est ingénieux. J'ai besoin de craquages de temps en temps. Mais je les évite si je parviens à me sentir bien, pleine, si je ne suis pas en sur-contrôle. Il me semble que l'on ne peut pas être épanoui quand on exclut le plaisir de sa vie. LE PLAISIR EST VITAL. Il est un des piliers majeurs du bonheur. Sachez donc vous faire plaisir.

MAIS LA DISCIPLINE TU N'OUBLIERAS POINT

L'anecdote de la salade est intéressante parce qu'elle illustre aussi à quel point j'ai manqué de cette fameuse discipline. Pas grave, me direz-vous ? Certes non, j'en conviens, mais elle permet de comprendre un principe fondamental : pour être en forme, il faut donner le meilleur de soi-même. Et ce n'est pas facile. Pourtant, c'est essentiel. Mais pas seulement pour être en forme, non : délaisser son corps est mauvais pour... la tête et le moral. C'est scientifiquement prouvé. Et logique : faire du sport ou avoir une activité physique régulière (marcher dans la nature fonctionne de la même façon) libère dans notre cher cerveau des substances qui agissent directement sur notre état d'esprit. La première, la dopamine, également appelée « neurotransmetteur du bonheur », a pour rôle, si l'on résume, de nous faire voir la vie en beau en favorisant les échanges positifs entre les neurones. Et devinez quoi ? Le sport aide à la fabrication de la dopamine. Idem pour l'endorphine, sorte d'opiacé naturel sécrété par une glande qui nous rend... bien. C'est un antidouleur. Et l'effort longue durée aide à la synthétiser. Sans compter que les bienfaits pour notre organisme sur lesquels nous reviendrons (prévention des maladies cardiovasculaires, baisse de la fréquence cardiaque, baisse de tension, etc.) sont nombreux. Dès lors, faire un effort pour entretenir notre corps vaut vraiment le coup, vous ne trouvez pas ?

C'EST POUR LA VIE !

Nous touchons le nerf de la guerre avec cette fameuse discipline. Que les choses soient claires : je ne vous parlerai pas dans ces pages de régime. Je ne crois pas au besoin d'être mince. Je crois au besoin de s'entretenir, de trouver son poids idéal pour se sentir bien dans sa peau (et ce poids idéal varie d'une personne à l'autre selon son humeur, sa confiance en soi...), d'être en bonne santé et en forme parce que c'est comme ça qu'on a le plus de chances de vivre bien, mieux, plus longtemps, et par conséquent d'être épanoui et heureux. Pour y parvenir, il faut accepter de remettre en question notre façon de fonctionner et être motivé pour adhérer à un mode de vie nouveau, basé sur une nourriture et des produits sains et savoureux, sur l'exercice physique qui rebooste le galbe et le moral, sur une manière douce et apaisée d'envisager le monde et d'y vivre.

Embrasser totalement cette philosophie est le socle de l'épanouissement. Pour réussir, je crois au pouvoir d'une « discipline bienveillante ».

Et c'est là que j'interviens.

Alors commençons par la base, c'est-à-dire notre assiette. Je vais vous transmettre toutes les merveilleuses informations que j'ai apprises au cours de mes rencontres, certaines culinaires, d'autres de pure santé. Lisez-les, et décidez. Je vous livre ces connaissances pour que vous sachiez pourquoi je vous prodigue tel ou tel conseil.

Encore une fois, mon vœu le plus cher n'est pas que ce livre soit un mantra, mais un guide amical sur lequel vous baser pour être mieux. Piochez, lisez, parcourez... et adoptez !

JE MANGE DONC JE SUIS...

« Nous sommes ce que nous mangeons », dit Jane Goodall, la grande primatologue. Elle a raison. Les aliments ne se résument pas à un carburant pour notre corps, qu'on avale comme on va à la pompe à essence. Ils nous façonnent. Certaines natures peuvent se goinfrer de burgers et de frites sans prendre un kilo... et alors ? Sont-elles à envier ? Je ne le crois pas. Je ne souhaite pas vous saouler avec un poids idéal, sorte de Graal qui demanderait des sacrifices et des efforts contre-productifs. Je suis dans une autre démarche, mais j'imagine que maintenant, vous l'avez compris. Notre corps est une machine subtile qui a besoin d'une multitude de nutriments, de vitamines, de lipides, glucides, protéines pour fonctionner au mieux et ne pas s'user prématurément. Les fruits et les légumes regorgent d'une richesse incroyable, tant qu'ils ne sont pas archicuits dans des barquettes industrielles (et dans ce cas, vidés de leur substance). La nature est généreuse, et il est possible, par l'alimentation, d'influer sur le poids, bien sûr, mais aussi sur le moral, les capacités du cerveau ou encore le velouté de la peau. Il suffit de savoir, et de se servir !

JAMAIS TROP TARD

Pardon de me répéter, mais ce point me paraît crucial. Pour changer et prendre de nouvelles excellentes habitudes, il n'est jamais trop tard. On peut changer n'importe quand, et ce processus de changement est agréable. Notre nouvelle façon de nous alimenter doit s'inscrire dans la durée pour agir et nous aider, nous soutenir. C'est la grande différence avec les régimes : ils n'ont qu'un temps. Pas ce que je vous propose. Il ne s'agit pas d'une lubie dont vous vous lasserez au bout de deux semaines, tout sauf ça ! Bien manger aide à vivre mieux, instaure des moments de partage avec les amis, les enfants, agit au plus profond de notre être.

QUE MANGER ? LÀ EST LA QUESTION !

Bien manger est simple dès lors que l'on apprivoise les bases. Il faut un tout petit peu de temps pour se les approprier (mais pas tant que ça), et surtout, de la motivation. Mais si vous avez ce livre entre les mains, vous n'en manquez pas, n'est-ce pas ?

Pour moi, les trois indispensables de l'assiette parfaite sont les suivants :
- de bons ingrédients ;
- de bonnes quantités ;
- de la bonne cuisine, celle qui réchauffe le cœur et les papilles (sinon, on est frustré et on finit par craquer. La salade, le paquet de chips, vous vous souvenez ?).

Commençons donc par la base.

ZOOM

Mais au fait, le bio, c'est quoi ?

Est considéré comme «biologique» tout fruit ou légume qui a été cultivé en respectant un cahier des charges précis, conforme à la loi en vigueur. Parmi les critères principaux, on trouve bien sûr l'usage réduit de pesticides (ils doivent être d'origine naturelle, comme la bouillie bordelaise, les orties, etc.). Le fromage ou la viande impliquent un élevage alimenté avec de la nourriture biologique, et qui respecte des critères de bien-être animal (aucun élevage en cage, par exemple). Soyez vigilant : un aliment bio est marqué par un label AB ou Écocert. C'est lui qui vous assure son authenticité. Méfiez-vous des produits «naturels», «éco-responsables» et autres termes pouvant prêter à confusion. Biologique = AB ou/et Écocert. C'est à eux, et à eux seulement, qu'il faut vous fier !

LES BONS INGRÉDIENTS

METTEZ DU BIO DANS VOS ASSIETTES

D'abord, je vous recommande chaudement de privilégier la nourriture biologique. Pourquoi donc ?

Oh, pas par effet de mode, je vous le garantis ! D'abord, bien sûr, l'agriculture biologique est meilleure pour la planète : elle ne pollue pas l'eau, les nappes phréatiques, l'atmosphère, ne tue pas les pollinisateurs indispensables à notre survie (les abeilles et autres bourdons sauvages), et par conséquent, elle améliore l'avenir de nos enfants. Elle est aussi meilleure pour notre santé. De nombreuses cultures conventionnelles sont arrosées de pesticides et d'herbicides (la vigne, les pommes et tant d'autres). Or certains produits phytosanitaires utilisés contiennent ce que l'on appelle des « perturbateurs endocriniens ». Ces substances chimiques agissent à doses très faibles et ont une incidence directe et néfaste sur nos hormones. Or celles-ci agissent sur notre moral, notre humeur, notre métabolisme, et augmentent le risque de maladies graves : obésité, diabète, cancers, infertilité. Une récente étude menée par des chercheurs américains (publiée dans *The Lancet Diabetes and Endocrinology* en octobre 2016) explique que ces perturbateurs endocriniens, agissant sur les enfants in utero, provoquent... une baisse substantielle de QI ! Ils nous rendent stupides ! Manger bio, c'est refuser de prendre ce risque. Vous me direz, il y en a d'autres, des risques ! Certes oui, mais le moins possible est mieux pour nous, pas vrai ? Je suis bien consciente que manger bio représente un budget, puisque le coût reste plus élevé, mais envisagez ce choix comme un investissement pour votre santé : ça vaut la peine de mettre tous les atouts de son côté et de se dire qu'on a toutes les cartes en main.

Par ailleurs, le goût des légumes et fruits bio est quand même nettement supérieur à celui des fruits et légumes cultivés à coups de pesticides.

Enfin, les vitamines, ces petites coquines, adorent se presser dans... la peau des fruits et légumes. Or quand ils ne sont pas bio, pour évier ces fameux produits dont je viens de vous parler, il faut les éplucher. Alors que le bio ? Pas la peine ! On n'épluche certainement pas ! On profite plutôt à 100 % du bienfait de nos achats !

OÙ VOUS APPROVISIONNER ?

Maintenant que l'on sait ce que l'on veut, où le trouver ? Une fois de plus, je vous conseille de fuir les grandes surfaces, qui proposent souvent des produits cultivés à n'importe quelle saison et ont donc poussé dans des serres, forcés à la lumière artificielle. De mon point de vue, l'idéal de l'idéal pour une alimentation variée, c'est le marché. Car cette variété est bénéfique. La règle d'or lorsqu'on fait son marché ? Être curieux et ne pas toujours acheter la même chose. Logique : en multipliant les légumes et les fruits, on potentialise les vitamines et oligoéléments que l'on va absorber. Je trouve qu'il est très agréable de se voir comme un aventurier du goût : s'approcher, humer, voir un légume inconnu, l'acheter, puis chercher des recettes en fonction de ce que l'on a récolté. Je fais tout pour sortir du sempiternel pommes de terre/haricots verts. J'aime chasser la routine de mon assiette, bousculer mes habitudes. Quitte à me rendre compte que certains légumes sont plus beaux que bons ! Mais chacun ses goûts !

Les envies mènent ma vie, l'improvisation permet d'élargir son univers, de ne pas s'encroûter, même dans l'assiette !

ZOOM

Comment nettoyer les fruits et légumes bio ?

Question stupide, pensez-vous ? Certes, non ! D'abord, on les lave avant de les couper. Les saletés et microbes éventuels résident sur la peau, c'est elle que l'on doit viser. On les brosse rapidement avec une brosse réservée à cet usage, et celui-là seulement (la « brosse à carottes »), et on les lave sous un filet d'eau, en frottant partout. On ne les laisse surtout pas tremper deux heures ! Car dans ce cas, les vitamines se faufilent dans l'eau de trempage, et on peut leur dire adieu !

VIS MA VIE

Marché au pays du Soleil Levant !

Je suis allée au Japon pour l'une des émissions « Les Pouvoirs extraordinaires du corps humain », et nous avons fait le marché à plusieurs reprises. J'ai été ébahie par la variété de fruits et légumes : c'était juste dingue ! Le choix était peut-être multiplié par 30 par rapport à chez nous ! Il y avait des légumes totalement bizarres, des dizaines et des dizaines d'algues différentes, des fruits charnus et biscornus, j'avais envie de tout goûter ! Mais au-delà du plaisir de la découverte, c'est vraiment là que j'ai compris à quel point la variété en cuisine était importante. Lors de ce séjour magique, nous sommes allés à Okinawa, l'île des centenaires. Les chercheurs étudient sa population incroyable : les seniors sont en pleine forme, ils ont toute leur tête ! Or personne ne sait précisément pourquoi ils vivent si longtemps. Mais l'hypothèse majeure est que leur régime alimentaire est extrêmement varié, et qu'ils consomment beaucoup d'oméga-3. Mais de cela, nous allons reparler !

PIOCHEZ SELON LES SAISONS !

Pour se nourrir en adéquation avec la nature, le mieux, c'est de piocher dans les légumes et fruits de saison. Mais c'est surtout parce que nous avons un patrimoine génétique ancré dans notre région. Par exemple, en hiver, nous avons besoin de plus de vitamine C. Et comme par hasard, Dame Nature met sur le marché des végétaux qui en regorgent ! Bref, on a tout à gagner à se nourrir à son rythme.

Voici donc un petit mémo, non exhaustif, de tout ce que vous pouvez trouver sur les étals, saison par saison !

JANVIER

FRUITS pomme, poire, kiwi, citron, clémentine, noix.
LÉGUMES épinard, potimarron, courge, blette, carotte, céleri, choux, échalote, oignon, ail, navet, poireau, panais, betterave, radis noir, endive.

FÉVRIER

FRUITS pomme, poire, kiwi, citron, clémentine, pomelo.
LÉGUMES épinard, potimarron, courge, blette, carotte, céleri, choux, échalote, oignon, ail, navet, poireau, panais, betterave, radis noir, endive.

MARS

FRUITS pomme, poire, kiwi, citron, clémentine, pomelo.
LÉGUMES pinard, potimarron, blette, céleri, poireau, panais, choux, navet, oignon blanc, raids noir, radis rose, endive, asperge.

AVRIL

FRUITS pomme, kiwi, rhubarbe, citron, pomelo.
LÉGUMES fève, épinard, belette, céleri, oignon blanc, radis noir, radis rose, asperge, poireau, carotte, aillet, choux, navet, endive.

MAI

FRUITS fraise, cerise, pomelo, rhubarbe.
LÉGUMES choux fleur, ail, radis rose, asperge, artichaut, choux, pommes de terre primeur, oignon blanc, céleri branche, courgette, petit pois, fenouil, carotte, aillet, navet.

JUIN

FRUITS fraise, framboise, cerise, abricot, melon, pêche, pomelo.
LÉGUMES brocoli, ail, radis rose, choux, concombre, poireau, artichaut, betterave, blette, oignon blanc, fenouil, tomate, pomme de terre primeur, haricot vert, courgette, aubergine, petit pois, poivron, fève, carotte, navet, céleri.

JUILLET

FRUITS abricot, brugnon, cassis, cerise, fraise, framboise, melon, prune, figue, myrtille, nectarine, pêche, pastèque, poire.
LÉGUMES brocoli, radis rose, concombre, artichaut, blette, fenouil, haricot vert, maïs doux, pomme de terre primeur, ail, choux, poireau, échalote, oignon sec, petit pos, potimarron, poivron, aubergine, tomate, courgette, fève, carotte, navet, céleri, oignon blanc.

AOÛT

FRUITS abricot, pêche, prune, raisin, melon, pastèque, figue, fraise, framboise, poire, pomme, mirabelle.
LÉGUMES brocoli, radis rose, concombre, artichaut, pomme de terre primeur, échalote, oignon sec, haricot vert, maïs doux, navet, oignon blanc, petit pois, potimarron, poivron, aubergine, tomate, courgette, haricot à écosser, ail, choux, poireau, blette, fenouil, fève, carotte.

SEPTEMBRE

FRUITS coing, figue, raisin, noix fraîche, pêche, prune, pastèque, melon, poire, pomme, mûre.
LÉGUMES concombre, courge, haricot vert, maïs doux, épinard, petit pois, potimarron, céleri, poivron, courgette, tomate, aubergine, échalote, oignon sec, ail, haricot à écosser, artichaut, fenouil, carotte, poireau, blette, navet, choux, radis.

OCTOBRE

FRUITS pomme, poire, raisin, noix fraîche, châtaigne, pêche (de vigne), figue, coing, framboise, myrtille, noix, mûre.

LÉGUMES concombre, courge, haricot à écosser, radis, artichaut, fenouil, navet, haricot vert, maïs doux, épinard, petit pois, ail, potimarron, céleri, aubergine, échalote, carotte, poivron, courgette, tomate, oignon sec, blette, choux.

NOVEMBRE

FRUITS châtaigne, kaki, clémentine, mandarine, poire, pomme, kiwi, raisin, noix.

LÉGUMES choux, échalote, radis, céleri, ail, blette, courge, navet, brocoli, panais, oignon sec, artichaut, fenouil, potimarron, carotte, poireau.

DÉCEMBRE

FRUITS kiwi, mandarine, poire, pomme, clémentine, noix.

LÉGUMES épinard, pottimarron, courge, blette, carotte, céleri, choux, échalotte, oignon, ail, navet, poireau, panais, betterave, radis noir, endive.

METTEZ LA MAIN À LA PÂTE ET LANCEZ-VOUS !

Que vous ayez besoin de maigrir ou envie de vivre mieux, la cuisine maison est la plus indiquée. D'abord, parce que vous savez quels produits vous utilisez, et décidez de quels légumes, quelle huile et en quelle quantité, si vous mettez du sel ou non, etc. Mais aussi parce que cuisiner permet d'envisager notre assiette autrement, de découvrir la sensualité des aliments, leur odeur, leurs particularités, leur texture. Et je parle en connaissance de cause !

Bien sûr, rentrer du travail et courir à la cuisine pour se remettre au boulot, un couteau et une carotte à la main, peut paraître démoralisant. Éplucher des légumes alors qu'on a passé la journée à supporter les collègues et les chefs de mauvaise humeur ? Une corvée, un passage obligatoire et désagréable. S'allonger dans le canapé est si tentant !

Croyez-moi, le côté négatif de la cuisine n'est pas forcé. Autorisez-vous à manger simple et sain. Une bonne purée, une simple poêlée de légumes, et c'est déjà gagné. Pas la peine d'y passer trois heures. Et plus vous cuisinerez, plus vous serez rapide. Par ailleurs, rien ne vous empêche de considérer cette parenthèse comme un moment privilégié qui n'appartient qu'à vous : écoutez la musique que vous aimez, podcastez une émission que vous avez ratée ou que vous pourriez découvrir. Bref, emparez-vous de cet instant, faites-en votre territoire, un écrin pour vos recettes, certes, mais aussi, pour vous épanouir.

VIS
MA
VIE

J'ai découvert la cuisine tard

Pendant mes études et mes premières années de mannequinat, mon rapport à la nourriture a tenu en un mot : efficacité. Je me nourrissais pour tenir debout et pouvoir travailler.

Et puis, j'ai rencontré mon premier mari, et un univers riche et complexe s'est ouvert à moi : j'ai découvert la magie de la cuisine. Avec cette révélation, la gourmandise est apparue. J'ai appris à toucher les aliments, à les comprendre, à les aimer. J'ai réellement apprivoisé la cuisine et ma vie a changé. À partir de ce moment-là, je n'ai plus jamais mangé de la même façon : je savourais, je testais, je m'émerveillais des bouquets, de ce que j'avais en bouche, du craquant, du croquant, de l'acidité, de tout ! Je peux vous dire que rester mince m'a demandé un énorme effort ! C'est devenu beaucoup plus compliqué : quand on allait au restaurant, mes employeurs me commandaient une petite salade et je souffrais dans ma chair ! Mais c'était mon gagne-pain, alors j'ai tenu vingt ans en faisant attention.

Pourtant, dès que je prenais l'avion, j'achetais des livres de cuisine, et je peux vous dire que j'en ai visité, des pays ! Le rapport au goût est si somptueux et surprenant ! Quoi de plus enchanteur que de découvrir un pays par sa tradition culinaire ? Dans l'assiette, il y a la culture, l'agriculture, l'histoire des femmes, l'intimité des fourneaux, des secrets de famille, des découvertes... J'adore. Depuis, c'est resté une tradition : je rapporte toujours un livre de cuisine lorsque je voyage.

DE QUOI AVEZ-VOUS BESOIN ?

Oui, parce que si l'on mange, c'est certes pour le plaisir de nos délicates papilles, mais aussi, et avant tout, pour fournir à notre corps toutes les molécules dans lesquelles il pourra puiser pour bouger, respirer, penser, bref, vivre !

La variété est essentielle justement dans ce but : piocher dans l'éventail le plus large possible afin d'optimiser nos apports. Je vous ai concocté une petite revue des principaux nutriments, avec une liste non exhaustive des céréales, fruits et légumes qui en contiennent le plus. Pas question de vous donner le dosage exact, ce n'est pas l'objet de ma démarche. Ce que j'aimerais, c'est que vous compreniez à quel point pour être en forme, il faut essayer, tenter, et s'ouvrir aux expériences gustatives.

Le trio phare des macronutriments, ce sont bien sûr les magiques protéines, glucides et lipides. Sachez que les apports nutritionnels conseillés (ANC) en 2010 pour les 10 ans et plus par l'Anses, Agence nationale de sécurité sanitaire, de l'alimentation, de l'environnement et du travail sont les suivants.
Protéines : de 10 à 27 % de l'apport énergétique.
Glucides : de 50 à 55 % de l'apport énergétique.
Lipides : de 35 à 40 % de l'apport énergétique.

LES PROTÉINES

À QUOI SERVENT-ELLES ?

Assurer devant notre chef, foncer au cours de gym, faire bonne figure en réunion, courir chercher les enfants, hop, un saut chez le boulanger et le maraîcher, un crochet par la poissonnerie, les devoirs à vérifier... et nous voilà avec les jambes qui flageolent et une petite fringale. Normal ? Oui ! Nos muscles ont faim, il leur faut des protéines, ces macromolécules constituées d'acides aminés reliées entre elles par ce que l'on appelle une liaison peptidique. Ce sont elles qui fournissent de l'énergie (entre autres) à nos muscles ! Elles ont des formes différentes, selon l'ordre dans lequel les acides aminés sont assemblés. Elles aident les cellules du corps (notamment musculaires) à se reconstituer, transportent d'autres molécules, leur permettent de se fixer dans les cellules. L'apport nutritionnel conseillé recommandé par L'Anses est de 0,83 g/kg/j chez les adultes en bonne santé. Un exemple : cela représente pour une personne de 70 kilos, 58g soit 5 œufs ou 300g de viande.

OÙ LES TROUVER ?

La voie royale dont tout le monde parle est bien sûr... la viande. Les produits carnés seraient la meilleure option pour obtenir un apport de protéines optimal.

SACHEZ DEUX CHOSES :

1. Certes, la viande contient des protéines animales plus facilement digestibles que les protéines végétales, mais nous mangeons, globalement dans nos pays industrialisés, trop de viande. Or abuser de la viande est mauvais pour notre santé. Soyons clairs : d'un point de vue de santé publique, le slogan « La viande, c'est la force » est mort. Le CIRC (Centre international de recherche contre le cancer), émanation de l'OMS (Organisation mondiale pour la santé) a récemment classé la viande rouge (toutes les viandes de mammifères) parmi les cancérogènes probables, et les charcuteries au nombre de cancérogènes avérés. En abuser est donc vraiment déconseillé.

Vous ne concevez pas un bon repas sans viande ? Dans ce cas, je vous recommande chaudement de privilégier une viande de qualité (bio) et d'en manger moins souvent – deux fois par semaine suffisent. Ainsi, vous vous faites plaisir et vous ménagez votre corps.

Personnellement et depuis peu, je suis végétarienne. C'est un cheminement très intime, et je suis passée par des phases peu orthodoxes (j'ai porté de la fourrure au cours de ma carrière, et j'avoue n'avoir pas mesuré à l'époque la portée éthique d'un tel acte), mais mon amour pour les animaux a été le plus fort et a décidé pour moi. Je ne souhaite ici influencer personne. Une fois encore, et je vais radoter mais tant pis : ce choix est privé et je n'entends donner aucune leçon. Chacun sa route. La mienne m'a menée là, c'est tout.

Néanmoins, je suis aussi végétarienne parce que c'est possible ! Nous vivons dans une société où l'apport protéinique est multiple et peut prendre des visages très divers. L'alliance de céréales et de légumineuses (riz/lentilles - quinoa/haricots mungo - semoule/pois chiches - épeautre/fèves - maïs/haricots, etc.) est aussi simple à se procurer que facile à cuisiner. Pourquoi ce binôme ? Les céréales contiennent plus de lysine, un acide aminé essentiel - c'est-à-dire que le corps ne peut pas produire et qu'on doit puiser dans les aliments -, et les légumineuses (légumes secs tels que les haricots, les lentilles, les pois...) sont, elles, super riches en acides aminés soufrés. Quand on les combine, on couvre tous ses besoins !

Et la formule est suffisante pour rester dans une forme… olympique.

Une preuve tangible, pour rire ? Aux derniers jeux Olympiques d'été, à Rio, un athlète HALTÉROPHILE (oui, j'ai mis des majuscules exprès parce que bon, ces sportifs ne sont qu'une gigantesque montagne de muscles) était… végan ! Autrement dit, il ne consommait aucun produit animal. Il est arrivé 11e dans la catégorie des moins de 94 kg. Pas mal, non ?

2 La consommation de viande s'inscrit dans une forte tradition culinaire, et nombreux sont ceux qui martèlent encore aujourd'hui qu'elle nous est nécessaire. C'est faux. Il existe depuis plusieurs années un consensus scientifique international sur le régime végétarien. L'American Dietetic Association et l'American Dietetic Association and Dietitians of Canada sont au diapason et affirment qu'un régime végétarien varié convient à tous les âges de la vie, sans souci de carences, y compris pour les femmes enceintes et les enfants. À certaines périodes de la vie, il peut être intéressant d'être supplémenté (prendre des vitamines), mais la chose reste rare. Mieux, d'après ces deux grandes associations scientifiques, les végétariens sont moins souvent victimes de maladies cardiaques et d'hypertension, ont un taux de cholestérol moins élevé et souffrent moins fréquemment des deux types de diabète ainsi que des cancers de la prostate et du côlon. Dingue, non ?

Alors n'hésitez pas à panacher votre assiette. De temps en temps, remplacez la viande ou le poisson par des céréales et des légumineuses. Enfin, je dis ça aujourd'hui, mais pour être tout à fait honnête, j'ai eu une longue période « Charcuterie, mon amour ».

Ce livre, de vous à moi, est un lieu privilégié pour parler santé *ET* bien-être. Je me sens mieux quand je sais que ce que je mange est bon pour mes papilles et pour ma santé. Parfois, mais vous le savez déjà, je craque.

Donc, je vous en prie, envisagez vraiment tout ce que je vous dis comme une ligne directrice, la mienne. Si elle peut vous inspirer, je serai comblée.

LES BONS NUMÉROS

Les lentilles, le quinoa, l'épeautre, le seigle, les haricots, le tofu, le seitan (protéines de blé), les graines oléagineuses (noix, noix du Brésil, de macadamia, amandes, cajou, pistaches, cacahuètes), à mélanger pour une couverture optimale des besoins, le germe de blé, les petits pois, pois cassés, pois chiches, les flocons d'avoine, les œufs, le fromage blanc, le lait de soja, les sardines, les crevettes et un outsider de taille : le beurre de cacahuètes, à utiliser avec modération.

ANECDOTE

La magie du beurre de cacahuètes

On se moque beaucoup des Américains et de leur consommation mythique de beurre de cacahuètes. Pourtant, cet aliment est loin d'être le monstre que l'on veut nous faire croire.

Il y a quelques années, j'ai fait une mission Croix- Rouge au Mali. Nous sommes allés dans un dispensaire où travaillaient un médecin et des infirmières. Leurs conditions de vie étaient abominables, les gens étaient affamés. Nous apportions de la nourriture.

J'ai l'habitude des files d'attente. Dans mon pays, qui appartenait à l'ancien bloc communiste, on attendait de longues heures devant les magasins, mais là... Je n'avais jamais vu une file pareille. Ja-mais. C'était incroyable. Et horrible. 80 % des gens patientant pour la distribution étaient des mères avec leurs bébés, des bébés au ventre distendu, des nuées de mouches leur tournant autour.

Chaque personne recevait une bouteille d'huile, de la farine et de petites barquettes de beurre de cacahuètes. Parce qu'il se trouve que le beurre de cacahuètes contient tout ce dont un bébé a besoin. Il sauvait de petits êtres perdus et faméliques.

Je n'ai plus jamais regardé cet aliment de la même façon.

Il ne faut pas en abuser, bien sûr, mais il ne faut pas non plus oublier qu'il s'agit d'une denrée extraordinaire.

Je l'ai découvert très tard. Mon premier boulot était une campagne pour les 3 Suisses, shootée aux Bahamas... – dans un décor de rêve, donc. Moi qui arrivais de Slovaquie ! Là-bas, j'ai enfin vu des Américains en chair et en os, et... leurs légendaires sandwichs. Franchement ? Cette pâte brunâtre couverte de confiture avait un aspect étrange, voire répugnant, mais bon sang, c'était si délicieux ! J'ajoute que le beurre de cacahuètes est fortement préconisé aux gens trop maigres qui veulent gagner quelques kilos.

RECETTE *EXPRESS* !

SALADE DE LENTILLES COLORÉE

200 G DE LENTILLES VERTES OU BLONDES

1 POMME

1 POIGNÉE DE RAISINS SECS, NOIX ET CAJOUS

1 BELLE BRANCHE DE CÉLERI

3 CŒURS DE LAITUE

QUELQUES GRAINES GERMÉES (haricot mungo ou alfalfa)

HUILE D'OLIVE / HUILE DE LIN / HUILE DE COLZA
(pas très bonne au goût mais très bonne pour la santé car riche en oméga-3)

(vous pouvez les mélanger en fonction des parfums que vous préférez),
LE JUS DE 1 CITRON

SEL ET POIVRE

1 Faites tremper les lentilles pendant 45 min (la cuisson en sera plus rapide), puis rincez-les bien et mettez-les à chauffer dans 4 fois leur volume d'eau pendant environ 45 min (durée indicative, vérifiez le temps de cuisson sur le paquet, il peut varier). L'objectif est que les lentilles restent légèrement fermes.

2 Coupez la pomme et le céleri en petits carrés dans un saladier. Ajoutez les feuilles de salade, les graines germées et les fruits secs.

3 Assaisonnez de 5 cuill. à s. généreuses d'huile, ajoutez le jus de citron, du sel et du poivre.

4 Égouttez les lentilles, puis versez-les dans le saladier et remuez. Vous pouvez rectifier l'assaisonnement.

5 Dégustez cette salade tiède accompagnée d'un bol de riz renversé et saupoudré de graines germées.

RECETTE *EXPRESS* !

TABOULÉ DE QUINOA

200 G DE QUINOA (blanc ou mélange)

100 G DE POIS CHICHES… OU UN BOCAL TOUT PRÉPARÉ DE 200 G

2 CAROTTES

2 GRANDES FEUILLES DE CHOU KALE

1 PETITE POIGNÉE D'AMANDES

1 PETITE POIGNÉE DE CRANBERRIES

HUILE, LE JUS DE 1 CITRON, 1/2 CUILL. À S. DE MIEL

SEL ET POIVRE

1 Pour une cuisson plus rapide et une meilleure digestibilité, les pois chiches doivent tremper toute la nuit. Rincez-les bien puis faites-les cuire dans un grand volume d'eau non salée entre 50 min et 1 h. Laissez refroidir. Ou ouvrez votre bocal si vous n'avez pas de primeur et que vous avez des bocaux. Attention, préférez toujours les conserves en verre plutôt que les boîtes métalliques, qui sont tapissées de revêtements pouvant contenir des substances toxiques.

2 Le quinoa, quant à lui, doit être bien rincé et mis à cuire dans 1,5 fois son volume d'eau. Il est cuit lorsque les minuscules germes blancs sortent. Faites refroidir.

3 Épluchez les carottes, râpez-les, lavez les feuilles de kale, coupez-les en lanières.

4 Mélangez 5 à 6 cuill. à s. d'huile de votre choix, le miel et le jus de citron dans le saladier. Ajoutez le quinoa, les pois chiches, les carottes, le chou et les fruits secs. Servez froid.

5 Vous pouvez agrémenter ce taboulé d'autres fruits secs (cajous, noisettes, graines de sésame…) et d'herbes (coriandre, basilic) selon votre goût.

LES GLUCIDES

À QUOI SERVENT-ILS ?

8 h 25. Vous êtes en retard et avez eu à peine le temps d'avaler un petit café à la va-vite. Vous croisez votre voisine, une vraie pipelette, et elle vous raconte comment son fils, ce petit chou, s'est cassé la clavicule en sautant sur un trampoline... Problème : vous ne comprenez pas un traître mot de ce qu'elle dit et avez un mal de chien à vous concentrer ! Vous êtes peut-être fatiguée, mais plus vraisemblablement, vous êtes en hypoglycémie, autrement dit, vous manquez de sucre. Or quel est l'un des rôles majeurs du glucose ? Il apporte de l'énergie à notre cher et magnifique cerveau, nous permet de réfléchir, de nous concentrer, et dans votre cas de placer pile au bon moment que vous êtes affreusement désolée pour le petit et qu' il peut venir emprunter des BD à la maison s'il veut mais que là, vous devez filer !

Mais attention, il existe deux sortes de glucides, puisqu'il faut en effet établir une distinction entre les glucides simples et les complexes. Ces deux catégories s'expliquent par une différence de construction : les glucides complexes sont constitués de plusieurs molécules de glucides simples. Pour un bon fonctionnement de notre cerveau et de nos muscles, il faut les deux à parts à peu près égales.

OÙ LES TROUVER ?

LES GLUCIDES SIMPLES

Certains raccourcis outranciers tendent à nous faire penser qu'il faudrait les bannir. N'importe quoi ! Les glucides sont bons pour nous. En revanche, mieux vaut exclure ou consommer avec une extrême modération les sucres industriels qui arrivent bruts dans notre corps, sans fibres pour atténuer leurs effets et sans autres nutriments complémentaires. Exemple criant : les sodas. Avec eux vous n'ingérez QUE du sucre. Si vous voulez être en bonne santé et ne pas vieillir prématurément : *out. Stop ! Nut ! Nada ! No !*
Les glucides simples sont essentiellement : le saccharose (sucre blanc raffiné), le lactose et le fructose.
On les trouve principalement dans les fruits (fructose), le miel, le lait et les produits laitiers (lactose), mais aussi les bonbons, confiseries, confitures, sodas, pâtisseries, biscuits, et dans le chocolat.

LES GLUCIDES COMPLEXES

Ce sont dans les céréales et produits céréaliers, le pain, les pâtes, le riz, les céréales du petit déjeuner, les pommes de terre, les légumineuses.

Ici, on rejette d'emblée les céréales industrielles : elles sont gavées de sucre et vidées de leur substantifique moelle : le processus de fabrication tue tout ce qu'il y a de bons en elles et les réduit à... du sucre et de mauvaises graisses, ou quasiment. Mon conseil : fuyez-les !

LES BONS NUMÉROS

Glucides simples : fruits, miel, lait sont très bons pour la santé. Le chocolat, les biscuits et les pâtisseries en font partie mais sont à consommer avec modération, et encore plus s'ils sont à base de céréales complètes et d'ingrédients non raffinés, puisqu'ils apportent d'autres nutriments. Alors oui, on peut craquer de temps en temps, mais pas trop souvent tandis qu'on profite sans complexe des bienfaits des glucides simples, faciles à éliminer...

Glucides complexes : céréales (y compris riz, pâtes), pain, légumineuses (haricots, pois, lentilles, fèves), pommes de terre.

ANECDOTE

Mon ami le sucre...

Savez-vous que dans les hôpitaux, quand on a besoin de faire une prise de sang à un nourrisson, on lui fait ingérer un peu de sucre, juste avant ? Logique : le sucre est réconfortant, il nous apaise, nous les humains. D'ailleurs, franchement, de quoi avez-vous envie lorsque vous avez un petit coup de mou ? D'un morceau de pizza ou d'un carré de chocolat ?

Je suis comme tout le monde... et peut-être pire. Car pour moi, le sucre est synonyme de survie. Lorsque j'étais petite, je ne voulais rien manger d'autre que du sucre, ma grand-mère, que j'adorais et qui me gardait la journée, avait trouvé l'astuce : elle me cuisinait des plats sucrés.

Comme je ne suis pas du tout rigoureuse, je vous livre l'une des abominables recettes de ma grand-mère, car chez nous, la routine des repas, c'est une soupe, et un plat salé OU un plat sucré. Par exemple : des pâtes saupoudrées de noisettes concassées ou de chapelure, de cannelle, de sucre en poudre, et dorées dans du beurre fondu pour bien caraméliser... Qui dit mieux ? Vous avez déjà croisez plus... régressif ? Ça vous paraît bizarre ? Sachez que j'en ai fait pour mon mari et qu'il a trouvé ça exceptionnel ! Alors, convaincus ?

Quoi qu'il en soit, le résultat, c'est que j'adore le sucre.

VIS
MA
VIE

Quand j'ai fait « Danse avec les stars » !

J'ai participé à l'émission « Danse avec les stars », et vers la fin de l'aventure j'ai dansé jusqu'à dix heures par jour. Vous imaginez le nombre de calories brûlées ? J'avais *tout le temps* faim. Un jour, mon mari a décidé de me gâter et de me rapporter une petite friandise, à savoir... un gâteau. Mais comme il ne savait pas ce que je préférais (nous étions au début de notre histoire, et avions encore plein de choses à découvrir l'un sur l'autre, notamment qu'il est plus rentable de me vêtir que de me nourrir), il en a pris dix : de la forêt-noire à la tarte aux cerises en passant par le baba au rhum. La boîte mesurait 70 cm de long. J'ai tout mangé !

Et quand il a arrêté de fumer, mon mari avait également faim... et s'est totalement lâché. Tous les soirs, SANS EXCEPTION, chacun mangeait son pot de crème glacée, format familial, si énorme qu'on aurait pu faire entrer mon chien à l'intérieur. Si l'un de nous finissait sa glace avant et s'aventurait à piquer une cuillerée dans le pot de l'autre, c'était la guerre ! Mon parfum préféré, c'est vanille-pécan, et celui de mon mari, rhum-raisin. À cette époque, nos placards étaient pires qu'une confiserie, notre chambre était remplie de magnifiques et énormes pots en verre débordant de bonbons. J'ai fait attention, je fais du sport, et je voulais rester mince. Je n'ai pas grossi. Mais lui... Il a dû se mettre au sport et entamer un régime drastique pour retrouver sa ligne. Toutefois il a une volonté de fer, et avec trois heures de sport par jour, il a mis six mois à retrouver sa ligne d'avant. Conclusion : un peu de glace et d'exercice font bon ménage...

J'ADORE LE SUCRE, D'ACCORD… SAUF QUE LE SUCRE, C'EST TRÈS MAUVAIS ! POURQUOI ?

Oui, après tout, on est en droit de se poser la question ! Pour faire simple, le sucre, lorsqu'il n'est pas utilisé, se transforme en graisse et se stocke. S'il est bon et vital pour nous dans des quantités raisonnables et, surtout, si sa consommation nous apporte aussi des fibres (comme le sucre contenu dans les fruits), il devient carrément néfaste s'il est pur sous forme raffinée : on ingère alors du sucre brut, sans aucun nutriment supplémentaire (ni minéraux, ni vitamines), sans fibres qui aident à en dissiper les effets. Le sucre raffiné n'existe pas à l'état naturel, notre corps n'est pas fait pour le consommer. Dès lors, trop de sucre entraîne surpoids et obésité, sans parler des caries, puisque le saccharose fermente… C'est lui, l'ennemi numéro un de nos dents. L'Anses recommande donc de ne pas multiplier les grignotages sucrés et d'absorber le précieux sucre dont nous avons besoin au cours de repas de préférence sous forme… solide.

OK, mais si vous êtes comme moi, ces arguments ne vous suffisent peut-être pas. Comme je vous l'ai dit plus haut, le danger du sucre tient à son côté réconfortant : il nous fait du bien et lorsqu'on l'aime et qu'on est dépendant, en manger moins est un calvaire.

Alors quand vous êtes au bord de craquer, pensez à ceci : à partir d'un certain niveau, le sucre devient un poison.

L'obésité et le surpoids sont deux problèmes importants, certes, mais en réalité, ils ne constituent que la partie émergée de l'iceberg. Les dangers du sucre sont bien plus ramifiés et graves. Plusieurs études (*Fructose Induces Transketolase Flux to Promote Pancreatic Cancer Growth*, 2010, et *A Sucrose-Enriched Diet Promotes Tumorigenesis in Mammary Gland in Part through the 12-Lipoxygenase Pathway*, 2016, in *Cancer Research*) ont ainsi démontré l'importance et l'influence du sucre dans les cancers, notamment du sein et du pancréas. Le fructose et le glucose joueraient un rôle de catalyseurs et provoqueraient la prolifération des cellules cancéreuses. De plus, non seulement le sucre a des effets néfastes sur notre corps, mais il rend accro. Une étude faite sur des rats (*Intense Sweetness Surpasses Cocaine Reward*, 2007, in *Plus One*) a ainsi prouvé que le sucre (saccharose et fructose) rendait plus dépendant que… la cocaïne.

ALORS COMMENT BERNER NOS PAPILLES ?

Je veille au grain, et j'ai trouvé des astuces infaillibles. Pour ne pas me noyer dans le sucre, je le remplace par des raisins secs, des abricots, des pruneaux, des dattes : dans les yaourts ou les porridges, par exemple. Les fruits secs satisfont l'envie de saveur sucrée à moindres frais et sont ultrabons pour la santé. Les raisins secs, par exemple, contiennent une grande quantité d'antioxydants. Ils chouchoutent les papilles et apportent en sus des molécules magiques qui nous aident à lutter contre le stress... Tellement mieux qu'un morceau de sucre. Essayez aussi de les déguster nature, moi j'adore ça.

RECETTE *EXPRESS* !

LE PETIT DÉJ DE CHAMPION

1 CUILL. À S. BIEN PLEINE DE GRAINES DE CHIA

3 CUILL. À S. DE FLOCONS DE CÉRÉALES (avoine, mélange)
OU, POUR LES PRESSÉES, « KRUNCHY » TOUT FAIT
(même s'il vaut mieux privilégier le frais)

3 DATTES

QUELQUES NOISETTES

10 CL DE LAIT, OU LAIT VÉGÉTAL
(amande, noisette, coco, selon votre goût...)

1/2 BANANE
(ou 1 entière pour les gourmands et les lève-tôt)

1 CUILL. À C. DE MIEL LIQUIDE

1 La veille, laissez gonfler les graines de chia dans le lait au réfrigérateur. Couvrez d'un film plastique pour qu'elles ne prennent aucune odeur.

2 Le matin, coupez dattes et banane en petits dés. Ajoutez-les aux graines de chia. Si la consistance est trop épaisse, délayez avec un peu de lait.

3 Faites dorer les flocons de céréales et les noisettes à feu vif dans une poêle, remuez tout le temps et arrosez de miel.

4 Mélangez au porridge de chia. C'est prêt !

RECETTES DÉCULPABILISANTES POUR LES ACCROS AU SUCRE COMME MOI

Puisqu'on en est aux recettes sucrées, en voici quelques-unes pour se régaler et contenter les papilles sans culpabiliser par la suite (la sa-la-de). Bien sûr, il faut faire attention à ne pas trop habituer notre corps au sucre et au goût sucré, mais c'est toute l'ambivalence de cet ingrédient : il nous procure aussi un plaisir intense. Avouez : savourer un bon dessert crémeux avec ceux qu'on aime est une source de joie magique, non ? Mon astuce pour que cette petite parenthèse de bonheur ne pèse pas trop lourd sur ma conscience : concocter de délicieux desserts à moindre richesse calorique.

RECETTE *EXPRESS !*

LES MERINGUES

Mon mari adore les meringues. C'est un dessert « intelligent ». Protéiné, il satisfait pleinement mon « bec sucré ». En prime, la recette est simplissime. L'éventuel coup de main à prendre est lié au four. Il faut parfois adapter la température de quelques degrés, mais ensuite, le résultat est un délice !

4 BLANCS D'ŒUFS

240 G DE SUCRE EN POUDRE

1 PINCÉE DE SEL

3 GOUTTES DE JUS DE CITRON

QUELQUES FRUITS SECS DE VOTRE CHOIX (noix, amandes, raisins...)

DU PAPIER SULFURISÉ, UNE POCHE À DOUILLE

1 Sortez les œufs la veille pour qu'ils soient à température ambiante au moment de vous lancer. C'est trèèèèès important !

2 Préchauffez le four à 120 °C (parfois, en chaleur tournante, c'est plutôt 110 °C), soit thermostat 4.

3 Séparez les blancs des jaunes et placez les blancs dans un grand bol, aux bords bien hauts. Attention, il ne doit pas y avoir une goutte de jaune dedans !

4 Ajouter le sel, les quelques gouttes de jus de citron, et commencez à battre (avec un batteur électrique, sinon, c'est l'enfer) à faible vitesse.

5 Lorsque les œufs se sont aérés et commencent à être bien fermes, incorporez le sucre petit à petit, en continuant à battre. Vous pouvez augmenter la vitesse. De bonnes meringues doivent être battues au minimum 15 min, c'est indispensable !

6 Déposez une couche de papier sulfurisé sur la plaque du four, mettez délicatement les blancs battus dans la poche et disposez des petits tas sur la plaque. Enfournez.

7 Au bout de 30 min, si vous en avez envie, sortez légèrement la plaque du four et répartissez les fruits secs sur les meringues, remettez 30 min à cuire. C'est prêt !

RECETTE *EXPRESS !*

LE MILLEFEUILLE SANS FEUILLES

2 POTS DE FROMAGE BLANC ONCTUEUX DE 500 G
(vous choisirez la teneur en gras en votre âme et conscience... 0 %, 7 %, 20 %...
N'oubliez pas que le fromage blanc est riche en protéines, ce n'est pas notre ennemi !),
OU (moins calorique encore) 2 POTS DE YAOURT DE SOJA

3 CUILL. À S. DE MIEL LIQUIDE

1 BOL REMPLI À RAS DE FRUITS COUPÉS EN MORCEAUX À VOTRE CONVENANCE ET SELON LES SAISONS
(en été : framboises, fraises, melon...
en hiver : bananes, pommes, dattes émiettées, voire compote de pommes...)

QUELQUES AMANDES

CANNELLE EN POUDRE (facultatif)

1 Battez énergiquement le fromage blanc (ou le yaourt de soja) et le miel jusqu'à obtenir une consistance homogène et légère.

2 Prenez un bol par personne et tapissez-en le fond de fromage blanc légèrement sucré.

3 Versez ensuite une couche de fruits.

4 Puis recommencez, et alternez couches de fromage blanc et de fruits au goût parfumé jusqu'en haut du bol.

5 Placez au moins 30 min au réfrigérateur.

6 Avant de servir, saupoudrez chaque bol de quelques amandes, et si vous aimez, d'une pincée de cannelle en poudre.

7 Creusez et dégustez !

L'ORIGINAL EST UNE RECETTE DE MA GRAND-MÈRE (QUELLE SURPRISE !)

J'adore les charlottes et le tiramisu, j'aime leur consistance, la diversité de leurs parfums, l'onctuosité qui se mêle à la légère amertume du café ou des fruits acidulés. Mais le tiramisu est très calorique. Ma grand-mère m'en cuisinait toujours, mais avec sa technique, bien à elle : elle imbibait les biscuits à la cuillère de café, les disposait dans le fond d'un bol, puis ajoutait une couche de fromage blanc légèrement sucré au miel, et rebelote jusqu'en haut. Ensuite, elle mettait au frigo et je me ruais dessus.

LE PUDDING DE MES ÉTUDES DE MÉDECINE

À la fac de médecine, à Prague, je bossais comme une dingue. Ma mère avait fait ses études là-bas, et elle me disait : « Le temps que tu prends pour aller te chercher une boisson dans le frigo équivaut à du temps perdu pendant lequel tes copines ont appris un truc, et pas toi. » Mais pas de pression, hein ! Je faisais pipi en courant ! Comme nous habitions loin de Prague, j'étais interne. Le trajet étant long et onéreux, je pouvais rester jusqu'à quatre mois sans rentrer chez mes parents. Je partageais une minuscule chambre avec quatre autres filles. À notre étage, il y avait environ deux cents chambres, peut-être plus, trois douches, trois toilettes et une minuscule plaque chauffante. Il faut dire que j'étais à l'étage des première année, le plus bondé. La cantine était fermée le week-end, et la plupart du temps, on se réchauffait des boîtes... Pour le plaisir des papilles, on a connu mieux !

Nous étions au 1er étage. Plus on avançait dans les études, plus on grimpait les étages. En haut, les chambres étaient spacieuses, moins saturées. Au dernier étage, c'était les dernière année... les privilégiés !

Or mon petit copain de l'époque avait une sœur qui vivait tout en haut... et ils avaient un four ! Sa sœur préparait une merveille dont je vous laisse vous inspirer...

Elle grillait des flocons d'avoine à la poêle, avec un peu d'huile ou à sec, selon les réserves, y incorporait des amandes, des noix et/ou des noisettes concassées, mélangeait avec des raisins secs, du miel et un peu de blanc d'œuf battu, puis enfournait à température plutôt basse (disons 120 à 140 °C). Ça faisait de petites boules sucrées ultra saines et divines, un rayon de soleil dans ma routine de travailleuse acharnée. Je recommande chaudement cette recette à tous les étudiants qui ont besoin de nourrir leur cerveau surchauffé !

LES LIPIDES

À QUOI SERVENT-ILS ?

« Han ! Tu mets de l'huile dans ta salade ? Mais ça va pas la tête ? C'est du gras, bon sang, du gras ! Ça va direct dans tes fesses, là, en plein dans la culotte de cheval ! » Comme moi, vous avez déjà entendu ce genre de réflexions assénées avec beaucoup d'assurance mais peu de science ? J'espère que dans ce cas, nous avons eu la même réaction : mieux vaut en rire. Parce qu'affirmer une chose pareille est tout sauf vrai. Voici pourquoi.

Les lipides sont du gras, évidemment, mais au même titre que les glucides et les protéines, le gras est indispensable au bon fonctionnement de notre corps. Je le clame haut et fort : il ne faut pas avoir peur du gras ! Le gras, c'est bon pour nous ! Mieux, certains lipides rendent heureux. Oui, vous avez bien lu. Il s'agit notamment des fameux oméga-3, dont notre cerveau, particulièrement friand en gras, est adepte. On serait donc bien bêtes de les écarter de nos assiettes ! Mais les lipides jouent surtout un rôle crucial de stockage (nous faisons des réserves sous forme de lipides, or ces réserves sont indispensables à notre survie) et entrent dans la structure des membranes cellulaires. Conclusion : on ne peut pas se passer d'eux (et ceux qui critiquent l'huile sont des idiots).

Le terme « lipides » recouvre une forêt de molécules différentes (triglycérides, phospholipides, cholestérol...), et parmi elles, le bon et le « mauvais » gras : les fameux acides gras. Faisons un point rapide sur les principaux, histoire de briller dans les dîners, car en réalité, rien n'est tout noir ou tout blanc.

Les acides gras saturés ne doivent pas être bannis de nos assiettes mais mangés en quantité raisonnable. Trop présents, ils favorisent les maladies cardio-vasculaires, l'obésité et le diabète. Mais ils sont utiles à notre corps et remplissent des fonctions importantes. Rien ne sert de les écarter d'emblée, au contraire !

Les acides gras insaturés jouent des rôles multiples et aident notamment à lutter contre l'hypertension artérielle. Ils sont nos amis.

Les acides gras essentiels (en réalité, les acides gras poly-insaturés) sont les oméga-3 et les oméga-6. Ils sont excellents pour la santé et ne sont pas synthétisés par notre organisme, on ne les trouve que dans la nourriture.

OÙ LES TROUVER ?

Les acides gras saturés : dans le beurre, la viande, le fromage, la charcuterie, l'huile de palme non transformée et l'huile de coco.

Les acides gras insaturés : dans les huiles végétales, les poissons gras, les œufs, les fruits à coque.

Les acides gras essentiels : dans les poissons gras et les huiles végétales.

ZOOM

Oméga-3 ou oméga-6 ?

Dans les magazines, sur Internet, tout le monde cause de l'oméga-3, molécule soi-disant miracle... Oui, mais encore ? Cet acide gras essentiel révèle peu à peu ses charmes aux chercheurs et on peut dire qu'il s'agit d'une manne confinant à la magie pour notre corps. Mais ce qui compte, c'est d'avoir un apport équilibré entre oméga-3 et oméga-6, car ils sont complémentaires. Le corps a besoin des deux pour fournir un nombre de tâches impressionnant : réguler le métabolisme, gérer l'inflammation, lutter contre les maladies cardio-vasculaires, le diabète et même certains cancers.

Or le souci, c'est que dans nos pays occidentaux, le régime est beaucoup plus axé sur les oméga-6, ce qui peut engendrer des carences en oméga-3 et, à terme, des soucis. Il est donc important de choisir des aliments et des huiles végétales qui en contiennent beaucoup. Leur goût est parfois fort ou étrange, alors dans ce cas, la ruse, c'est de les mélanger.

Les huiles les plus concentrées en oméga-3 sont l'huile de lin (52,8 %), l'huile de cameline (18,3 %), de noix (12,2 %), de colza (9,6 %). Les poissons gras constituent aussi une excellente source d'oméga-3. Ajoutons des sources plus méconnues comme la roquette, les épinards, le pourpier, les noisettes, et le foie de morue.

RECETTE EXPRESS !

Je plaisante. Je vous épargne la recette du gras au gras... Mais n'hésitez pas à panacher les huiles dans vos salades ou à en ajouter un filet sur les légumes et céréales cuits, et de jeter une poignée de fruits à coque dans vos céréales et salades. Surtout, gardez la main légère et ne versez pas un tonneau d'huile dans vos plats ! On cherche à ajouter du goût et de gentils acides, pas à saturer nos artères de graisse, aussi bénéfique soit l'huile à la base. Trop, même s'il s'agit de quelque chose de bon, ça reste trop...

LES VITAMINES

On en compte 13. Présentes dans les fruits et légumes, elles occupent des fonctions ultra variées et nous sont indispensables, chacune à sa manière : elles nous aident à assimiler les aliments, jouent un rôle hormonal, enzymatique ou encore antioxydant pour protéger notre précieux corps contre le vieillissement. Bref, elles constituent une joyeuse troupe de marraines bienveillantes.

Sans vouloir passer pour la fille qui se répète (ça ne me ressemble pas, non...), plus vous mangez varié, plus vous élargissez vos sources d'apports, et donc les bénéfices de votre assiette gourmande. Maintenant, partons à la rencontre de ces belles demoiselles.

LA VITAMINE A

Très antioxydante, c'est la première vitamine à avoir été découverte, en 1913, et c'est la fée de nos yeux, car elle est connue pour améliorer la vue, notamment nocturne, elle prend soin de la peau, et renforce les os. Elle existe sous forme de rétinol (parce que la première fois qu'on l'a découverte, c'était... dans une rétine !) dans les aliments d'origine animale, et de provitamine A, ou caroténoïde (dont la star est le bêta-carotène), dans les légumes (je vous laisse deviner où M. Wachenroder a découvert le carotène en 1881. Mon intuition me souffle qu'il s'agit d'un légume orange qui pousse dans la terre...). Sachez que le bêta-carotène est assimilé si seulement et seulement s'il est ingéré avec un peu de lipides. Autrement dit, boire un jus de carotte équivaut à un niveau de vitamine A minable si on n'y ajoute pas une poignée de noix ou trois gouttes d'huile d'olive.

Elle se niche dans : le foie (de poisson notamment), les huîtres, le beurre, le lait entier, le fromage, le jaune d'œuf, les épinards, les carottes, les patates douces, le chou, les pommes de terre, les framboises, les oranges, les abricots, les mangues, le persil, et de manière générale, les fruits et légumes dont la coloration est foncée (orange foncé ou vert foncé).

FOCUS

Les antioxydants, rois de l'assiette

On parle tout le temps de ces fameux antioxydants, mais qui sont-ils vraiment ? Pour vivre, nous avons besoin d'oxygène, ce carburant pour cellules qui, en pénétrant dans la mitochondrie (sorte de centrale énergétique de nos cellules), produit de l'énergie. Jusque-là, tout va bien, c'est pour cette raison que nous respirons. Mais l'oxygène entraîne un drôle de paradoxe : il provoque une réaction chimique dite d'oxydation – un peu comme la rouille sur le métal –, qui génère des petits fauteurs de troubles appelés radicaux libres. Ces enquiquineurs, très instables, viennent mettre le bazar et provoquent le vieillissement des cellules. Pour les contrer, nous produisons et avons besoin d'avaler des antioxydants, petites molécules qui annihilent l'effet des radicaux libres. Problème : en cas de déséquilibre (stress, coup de soleil, inflammation...), le besoin en antioxydants augmente. C'est pour cette raison que l'on recommande de belles doses de vitamine C en hiver. Leurs noms ? Co-enzyme Q10, polyphénols, flavonoïdes, sélénium...

Ils en sont très riches : le kaki, le thé vert, les fruits rouges, les câpres, les pommes, les oignons rouges, les myrtilles, les cassis, le brocoli... et par exemple, ne crachez pas les pépins de raisin ! Ils sont gavés de bonnes choses !

LES VITAMINES B

Voici une grande famille, qui nous aide à voir la vie en beau et à garder le moral. Donc on ne passe pas à côté, car toutes sont importantes. Voyez plutôt : il existe 8 vitamines B.

LA VITAMINE B1

Son petit nom, c'est thiamine. Elle est madame Énergie, et aide notre cerveau (et notamment notre mémoire) à bien fonctionner. Elle aide aussi notre corps à métaboliser les glucides, à produire de l'énergie, et agit sur le système nerveux.

Elle se niche dans : les noix, les graines, les viandes, volailles, poissons, légumes secs (pois chiches, petits pois, azukis, etc.), le germe de blé, les flocons d'avoine, le riz complet, le pain complet, la levure de bière.

LA VITAMINE B2

Appelée aussi riboflavine, elle aide à produire de l'énergie, mais elle active aussi d'autres vitamines, permet d'assimiler les protides/lipides/glucides, protège les muqueuses, la peau, et constitue une vitamine très antioxydante, qui nous aide à lutter contre le stress oxydatif. Elle s'avère être une alliée précieuse de notre vision.

Elle se niche dans : la levure, les germes de blé, les œufs, les noix, le riz sauvage, les champignons, les laitages, le poisson, les abats (foie de veau, rein, cœur).

LA VITAMINE B3

Vitamine PP ou niacine, elle joue un rôle important dans la production de certaines hormones (sexuelles), donc influe sur notre libido, et aide à produire nos globules rouges, donc à oxygéner correctement nos cellules, ainsi qu'à la métabolisation du trio infernal, lipides/glucides/protides.

Elle se niche dans : la levure, les arachides (non décortiquées), les céréales, le riz sauvage, les amandes, les légumes secs, le foie, les viandes et les poissons, les œufs.

LA VITAMINE B5

L'acide pantothénique participe à la bonne marche de notre système nerveux, ainsi qu'à la transmission et la division des cellules. Elle est donc antistress, favorise aussi la bonne santé de nos globules rouges, de notre peau et de nos muqueuses.

Elle se niche dans : la levure, le soja, les arachides, les champignons, les noix, les céréales (avoine, sarrasin, seigle...), les lentilles, les graines de tournesol.

LA VITAMINE B6

La pyridoxine soutient le système immunitaire et permet la synthèse de neurotransmetteurs et d'hormones qui nous donnent le moral, mais aussi celle de protéines, et de l'ADN, rien que ça !

Elle se niche dans : la levure, le germe de blé, les lentilles, les noix, les bananes, les avocats, les graines de tournesol, les céréales germées, les œufs, les produits laitiers.

LA VITAMINE B8

La biotine nous permet d'être en forme grâce à son rôle dans le métabolisme des lipides, glucides et protéines qui nous fournissest de l'énergie. Et notre peau, nos cheveux, nos ongles et nos muqueuses lui disent merci !

Elle se niche dans : la levure, les noix, le jaune d'œuf, les bananes, les céréales, les champignons, les sardines, le chou-fleur, les légumes secs.

LA VITAMINE B9

L'acide folique, bien connu des femmes enceintes, puisqu'en partenariat avec la vitamine B12, il permet le bon développement du bébé in utero, aide à la croissance cellulaire et à la cicatrisation. La B9 est aussi essentielle aux globules rouges, au système nerveux et immunitaire.

Elle se niche dans : le riz, la levure, les haricots, le soja, les légumes verts foncés (épinards, asperges, chou vert...), les fruits et légumes orange (les carottes !), le germe de blé, le lait, les œufs.

LA VITAMINE B12

La cobalamine est la dernière, mais non des moindres, vitamine de la famille. Elle forme un duo de choc avec la B9, et permet le bon développement du fœtus. Elle est importante pour notre système nerveux et psychologique.

Elle se niche dans : tout ce qui est animal, du foie aux œufs en passant par le lait. Donc les végétaliens et les végans doivent se supplémenter.

LA VITAMINE C

Qui ne la connaît pas ! C'est la reine de l'hiver, qui nous aide à combattre les virus, renforce nos défenses, mais intervient aussi pour fabriquer du collagène (tissu essentiel à notre peau, nos muscles et nos os) et absorber le fer. C'est un antioxydant massif, l'alliée bonne mine et forme.

Elle se niche dans : les fruits et légumes colorés, notamment le poivron, la papaye, la goyave, le kiwi, le cassis, le chou vert, le brocoli, le chou de Bruxelles, le persil, les fraises.

LA VITAMINE D

Sans elle, nous serions mous comme des chewing-gums. C'est elle, en effet, qui aide à la consolidation des os et des dents, et elle travaille en étroite synergie avec le calcium. Mais ce n'est pas tout : elle lutte aussi contre certains virus, en particulier celui de la grippe. Elle est synthétisée en grande majorité grâce à une exposition au soleil (c'est pour cette raison que certains en manquent l'hiver) mais apparaît dans certains aliments.

Elle se niche dans : les poissons gras et les boissons au soja, souvent enrichies.

LA VITAMINE E

Une autre vitamine particulièrement antioxydante, et connue pour son action protectrice de la membrane des cellules. Elle possède des propriétés anti-inflammatoires, élimine les radicaux libres, et protège des maladies cardio-vasculaires. La vitamine E est également la vitamine anti-âge par excellence. On l'appelle d'ailleurs la « vitamine jeunesse » car elle lutte contre le vieillissement des cheveux, des ongles, de la peau et aide notre épiderme à rester souple et lisse. Comment est-ce possible ? Parce qu'elle protège nos cellules de l'oxydation et donc du vieillissement. D'ailleurs son action est si concrète qu'elle est utilisée dans les traitements préventifs contre les maladies liées à l'âge telles que l'arthrose, les rhumatismes, Alzheimer, la cataracte et bien d'autres...

Elle se niche dans : l'huile de germe de blé, de noix, d'olive ou de tournesol, le jaune d'œuf, les amandes, les arachides, les avocats.

LA VITAMINE K

La coagulation sanguine, c'est son rayon. Mais elle joue aussi un rôle dans la bonne santé des os, puisqu'elle influe sur le calcium. Passé 60 ans, si on en manque, on risque la fracture. Donc pas d'impasse !

Elle se niche dans : les aliments lactofermentés (choucroute, miso), le persil, les épinards, la laitue, le chou et le chou-fleur.

LES JUS DE FRUITS

Les nutritionnistes vous le diront : un jus de fruits industriel n'a aucun intérêt nutritionnel. C'est un shoot de sucre, car les vitamines sont mortes depuis longtemps et toutes les bonnes fibres des fruits et légumes ont été enlevées. Or ces fibres qui agissent comme un nettoyant, une sorte de petite balayette dans nos intestins, aident à réguler l'absorption du sucre.

Cependant, la donne change si vous utilisez un extracteur. Son mode de fonctionnement est simple : la vis qui écrase les fruits et légumes tourne lentement. Dès lors, le moteur ne chauffe pas, et les vitamines et minéraux restent intacts (ce qui n'est pas le cas avec une centrifugeuse). De temps en temps, se faire un bon mélange de fruits et de légumes permet, associé au repas, de faire monter significativement le taux de vitamines et de minéraux dans notre corps. Pourquoi associé au repas ? Car le solide dans l'estomac ralentit l'absorption de sucre mais pas celle des vitamines et des minéraux. Par ailleurs, certains jus sont pensés pour avoir une action immédiate (le jus de céleri aide à lutter contre la chaleur), et le jus de fruits frais *home made* est absorbé très vite. Ici encore, tout est question d'équilibre. Moi, je m'en fais régulièrement.

RECETTES *EXPRESS !*

LE JUS ANTI-VIRUS

POUR 4 PERSONNES

6 POMMES

4 CAROTTES

3 POIRES

2 FEUILLES DE CHOU KALE

UN MORCEAU DE GINGEMBRE

Passez à l'extracteur et dégustez.

LE JUS RELAX

5 POMMES

2 BRANCHES DE CÉLERI

Et bonne détente...

LES MINÉRAUX ET OLIGOÉLÉMENTS

L'alimentation recèle bien d'autres trésors, comme ces petites molécules qui prennent soin de nous. Les minéraux et les oligoéléments n'apportent pas d'énergie (au contraire des protéines, glucides ou lipides) mais sont indispensables à notre corps. La différence entre eux est la quantité nécessaire (nous avons besoin de très peu d'oligoéléments). Je crois que leur diversité est une façon de comprendre la richesse des ingrédients que doit abriter une cuisine ! Rapide tour d'horizon des principaux oligoéléments.

LE CALCIUM

En association avec certaines vitamines et quelques autres minéraux, il s'occupe de la solidité de nos os et de nos dents. Ce que l'on sait moins, c'est qu'il est également essentiel aux muscles, et notamment au principal, le cœur, à la pression artérielle, au métabolisme de l'énergie, et à la neurotransmission. Contrairement aux idées reçues, on n'en trouve pas que dans les produits laitiers. Les crucifères (mes amis les choux…) en regorgent, ainsi que les amandes, noix, noisettes, certaines eaux minérales, les poissons, les légumes. Sachez également que le calcium des crucifères est mieux absorbé que celui contenu dans les produits laitiers. Mais vous pouvez vous déculpabiliser de craquer pour les fromages « gras » car ils en contiennent tout de même plus que les légumes (1 200 mg/100 g de fromage contre 195/100 g pour le choux ou 141 pour les épinards cuits…).

LE PHOSPHORE

C'est le meilleur copain du calcium, ils travaillent en binôme. Lui aussi agit de façon vitale sur la formation des os et des dents, et permet un bon métabolisme énergétique. Il veille à l'équilibre acido-basique dans notre corps. On le trouve en grande quantité dans les graines de courge et de citrouille, mais aussi dans les sardines - y compris en boîte-, les graines de tournesol, les lentilles, les produits laitiers, le poisson et les coquillages, la volaille, les céréales complètes, les fruits secs et le cacao (donc le chocolat).

LE FER

L'hémoglobine lui doit tout ! Le fer, en effet, est indispensable à la synthèse de l'hémoglobine (transportée par les globules rouges dans nos vaisseaux), il permet donc au corps d'être bien oxygéné. Il aide aussi à lutter contre les infections, et veille au bon fonctionnement de notre cerveau. Sans lui, on se sent flagada, on est pâlot. Sa source la plus connue est bien sûr la viande rouge (le boudin noir en est la star), mais on le trouve aussi dans le vin rouge, dans la levure, le germe de blé, les lentilles, les fruits secs, le cresson, le persil, les légumineuses, le pain complet, le tofu, les pommes, les poires. Néanmoins, le fer contenu dans les fruits et légumes est moins bien absorbé. Un bon truc : les associer à des aliments riches en vitamine C, qui en améliore l'absorption.

LE MAGNÉSIUM

Il est actif lorsqu'il est en synergie avec certains acides aminés et vitamines, notamment la B6. Il nous aide à nous adapter au stress, et permet au corps de ne pas en subir les conséquences néfastes. Il intervient également sur les défenses immunitaires et au cours du processus anti-inflammatoire. Le chocolat noir est un grand pourvoyeur de magnésium, ainsi que le germe de blé, les graines de courge et de citrouille, les haricots et les légumes secs en général, les amandes et les noix (du Brésil, de cajou).

LE POTASSIUM

Il participe à la bonne marche du système nerveux, notamment au niveau de la contraction musculaire, et donc, lui aussi, régule notre rythme cardiaque. Sans lui, on est fichus ! Il contrôle aussi le bon équilibre acido-basique dans les cellules, et participe au fonctionnement optimal des reins. Bonne nouvelle : on le trouve partout et on ne risque pas d'en manquer si l'on mange des fruits et des légumes frais. En cas de besoin, sachez qu'il est particulièrement concentré dans les haricots blancs, la peau des pommes de terre (à condition de les cuire au four pour pouvoir la consommer !), la tomate en purée et les épinards cuits (la cuisson faisant ressurgir les oligoéléments).

LE SODIUM

Faisons simple : le sodium est ce qui donne le goût du sel. Pourquoi est-il si important ? Parce qu'il est partout dans notre corps, dans le liquide extra-cellulaire, dans le sang, et grâce à lui, nous sommes hydratés. Il intervient aussi dans la contraction de nos muscles. Il faut en manger… mais pas trop, là est le souci. Car trop de sel est mauvais : une consommation supérieur à 1200-1300 mg par jour augmente la tension artérielle et les risques de développer des maladies cardio-vasculaires. Là où ça cloche ? Ne pas en manger assez (moins de 500 mg par jour) peut causer une déshydratation, des crampes voire, dans les cas extrêmes, des vertiges. Résultat, soyez modéré ! Pour rappel, les Français mangent parfois de 8 à 12 g de sel par jour, ce qui est énorme, surtout au regard des 6 g recommandés pour la santé ! Il faut donc s'entraîner à moins saler. C'est bon pour votre santé, votre tension et votre ligne. Pourquoi la ligne ? Car les mets moins salés sont moins tentants, on est donc moins susceptible de se servir à nouveau !

Certains aliments en contiennent naturellement (le miso, le sel de table, les viandes telles que le bacon, la sauce de soja). La bonne attitude : ne salez pas par défaut, goûtez avant de vous emparer de la salière, et faites attention à la quantité. Le sel est un exhausteur de goût, d'où sa présence accrue (et néfaste) dans l'alimentation industrielle. Il est aussi comme le sucre : on peut s'en déshabituer... Donc salez avec parcimonie et buvez beaucoup d'eau quand vous en avez un peu abusé afin de l'éliminer plus vite.

LE ZINC

Antioxydant, il intervient sur de nombreux plans : il favorise la fertilité, aide à lutter contre les attaques microbiennes et les inflammations de la peau (l'acné), favorise la cicatrisation et aide à la synthèse des protéines. On en trouve dans les huîtres, les fruits secs, le crabe, le foie de veau, le germe de blé, les graines de sésame, les shiitakés.

LE SÉLÉNIUM

C'est un antioxydant pour nos cellules. Le sélénium aide en effet à produire une enzyme au nom barbare (allez, juste pour rire : glutathion-peroxydase) qui, en partenariat avec la vitamine E, protège nos cellules du stress oxydatif et des radicaux libres. Il influence aussi le système immunitaire, et joue un rôle dans l'équilibre de la glande thyroïde. Les noix du Brésil en sont truffées, ainsi que le shiitaké, les huîtres et le hareng.

FOCUS

Les probiotiques, ces petites merveilles

Pour obtenir cet éventail de nutriments, la meilleure façon de manger est d'alterner aliments crus et aliments cuits. Ainsi, les nutriments sont préservés et on ménage nos intestins, qui peuvent finir par devenir irritables à force de ne manger que des crudités. Mais il existe une merveille de la nature que l'on a trop tendance à négliger : les probiotiques. Ils sont par essence le réconfort des intestins fragiles et de bons copains pour les autres (qui l'ignorent peut-être !). Notre tube digestif est tapissé de micro-organismes, présents à l'état naturel dans notre flore intestinale mais aussi buccale. En cas de déséquilibre (alimentation ou prise d'antibiotiques, par exemple), on peut avoir des diarrhées, des ballonnements, et au final, être immunodéprimé, c'est-à-dire avec un système immunitaire tout raplapla. Dans ce cas, on tombe malade facilement, on est crevé, et zou, on se retrouve dans un état de fatigue chronique vraiment à éviter. Faire des cures de probiotiques aide à prendre soin de nos intestins, si importants à notre bonne santé. Vous en trouverez sous forme de capsules chez votre pharmacien. J'en prends quand je voyage, ça évite les coups de barre et les maux de ventre lorsqu'on découvre une cuisine aux antipodes de nos habitudes culinaires. Et n'oubliez pas que les aliments lacto-fermentés en contiennent des tonnes ! La bonne nouvelle, c'est que vous pouvez vous-mêmes préparer vos aliments fermentés à la maison, c'est très simple, très bon au goût et pour la santé. Le chef Yannick Alléno en fait d'exceptionnels mais on trouve de nombreuses recettes en ligne qui vous permettront de vous lancer.

ZOOM

Les aliments fermentés, une manne !

Il existe beaucoup d'aliments fermentés, et leurs bienfaits sont multiples. Je vous conseille vivement de les intégrer à votre cuisine. Il ne faut pas manger que ça, évidemment, mais les ajouter de temps en temps est une idée maligne et avantageuse à bien des égards. Pourquoi ? Choucroute, miso, kéfir, kombucha, cornichons, vinaigre, pain au levain, bière non pasteurisée sont autant d'aliments fermentés. Leurs particularités ? Un goût acide dû à l'action de bactéries, levures et enzymes qui prédigèrent la matière première, et créent ce faisant une farandole de micro-organismes bons pour nous, parmi lesquels des brouettes de vitamines, surtout B, C et K, de minéraux (calcium, manganèse, potassium) produisent des probiotiques et facilitent dès lors le travail de nos intestins, qui nous disent merci en renforçant note système immunitaire. Une manne, je vous dis ! N'hésitez plus : ajoutez un peu de vinaigre de cidre (non pasteurisé) à vos salades, grignotez quelques cornichons et préférez le pain au levain pour des petits déjeuners ou des goûters pleins d'énergie.

VIS MA VIE

Le vin, mon péché mignon...

J'ai un aveu à vous faire : c'est une découverte récente mais j'adore le bon vin rouge, avec modération bien sûr ! D'ailleurs, c'est moi qui ai éduqué le palais de mon mari, qui n'y connaissait rien avant de me rencontrer et qui se régale désormais dès que nous dînons... Une mission bien agréable, je dois dire. Car quoi de plus plaisant que de partager le plaisir de la table avec les personnes qui nous sont chères ? Et le vin est un plaisir antique, je trouvais dommage que mon mari passe à côté. J'ai réussi : il en raffole.

J'ai mis longtemps à franchir le pas : il m'a fallu attendre la quarantaine ! Avant, j'écoutais les sommeliers raconter l'envoûtement contenu dans leurs bouteilles et les saveurs intenses qu'ils en retenaient, mais tout cela m'échappait. Combien de fois ai-je assisté à des dégustations, essayant de me concentrer pour saisir une infime partie de ce royaume qui m'échappait et pensant : « Mais de quoi parle-t-il ? » La solitude. Car c'est le sentiment que j'avais : chaque bouteille était un monde entier, gouleyant, riche, réunissait autour d'elle les amis, la famille, dans un moment de convivialité intense et joyeux... et je n'avais pas la capacité d'y accéder. Quelle tristesse !

Et puis, un jour, je suis allée au restaurant avec mon mari, un restaurant sympathique, dont les propriétaires connaissaient mon mari, donc l'ambiance était chaleureuse, sans chichi, douce, et sur le chemin, je me suis brusquement dit : « Tiens, ce soir, je vais prendre un verre de vin. » J'étais prête. J'en avais envie, et je l'ai dégusté avec bonheur.

Ma première vraie rencontre avec le vin a eu lieu à Reims, en Champagne, avec un vigneron qui m'a tout appris : les cépages, les châteaux, les crus, la vinification. J'ai fait les vendanges, aussi, pressé du raisin. J'avais l'impression qu'on venait de pousser une porte devant moi et que, wouah, j'entrais dans un nouveau monde. J'ai lu des bouquins, et depuis, j'éduque mon palais avec bonheur. Je préfère les vins gras, ronds et puissants, donc j'aime avant tout le bordeaux. Mais mon mari, lui, préfère le bourgogne. Quand on se débouche une petite bouteille tous les deux, en fait, on en débouche deux : chacun la sienne (mais je vous rassure, on ne la finit pas au premier repas !) ! Et notre cave est coupée en deux elle aussi. Mais le plaisir du partage reste le même, et il est... enivrant, n'est-ce pas ?

Évidemment, il ne faut pas en abuser, car les effets de l'alcool sont néfastes à haute dose – l'Organisation mondiale de la santé recommande au maximum deux verres de 10 cl par jour pour une femme et trois pour un homme, avec un jour de la semaine à l'eau obligatoire, mais on n'est pas sommé de boire autant ! Par ailleurs, lors d'une consommation ponctuelle, l'OMS conseille de ne pas dépasser 4 verres... Mais avec une consommation modérée, un verre de vin rouge (j'insiste bien car le vin blanc ne contient pas de tanins) est un trésor ! C'est le mythique « French paradox », ou paradoxe français. Bourré d'antioxydants (notamment les polyphénols) qui chouchoutent nos cellules, le vin rouge contient aussi un magnifique chapelet de minéraux (potassium, calcium, magnésium, sodium, phosphore, cuivre, fer, zinc, manganèse), et des vitamines, surtout B. Donc, un conseil : si vous avez à choisir entre une limonade et un verre de vin rouge, optez pour le vin, meilleur pour les papilles et votre santé ! Surtout ne grignotez pas en même temps ! Comme on peut être tenté par les biscuits apéritifs qu'on nous sert en terrasse par les beaux soirs d'été, mieux vaut boire son verre de vin au cours du repas et ainsi ne pas céder à la tentation. (un verre de vin rouge contient environ 90 kcal, l'équivalent d'une banane ou d'une pomme et demie)...

MES 9 INCONTOURNABLES

Les must-have de toute cuisine qui se respecte, du plus basique au plus inattendu.

LE CURCUMA EN DUO AVEC LE POIVRE

Cette épice provient du rhizome d'une plante asiatique et fait partie du célèbre curry indien. Elle est connue du Japon à la Thaïlande en passant par l'Inde pour ses vertus digestives et son action anti-inflammatoire (contre les douleurs rhumatismales, menstruelles, etc.). En réalité, le curcuma contient des antioxydants ultrapuissants (notamment la fameuse curcumine), si bien que la recherche se penche avec intérêt sur son effet contre le cancer, et les premiers résultats sont encourageants. Il ralentirait la progression de certains cancers (côlon, cerveau) et celle des métastases. Cependant, les chercheurs travaillent toujours sur le sujet et, surtout, utilisent des protocoles dans lesquels le curcuma expérimenté est sous une forme spécifique, car rendu particulièrement disponible pour le corps et très bien assimilé (plus que dans notre assiette). L'épice a-t-elle un effet similaire lorsqu'on en saupoudre les plats ? Probablement, mais la recherche planche. Le curcuma a aussi un effet anticoagulant (il faut donc arrêter d'en manger deux semaines avant une intervention chirurgicale !). La fondation pour le cancer recommande jusqu'à 8 g de curcuma par jour.

Le secret ? Combinez-le avec du poivre, qui aide à son absorption.

Et régalez-vous en en saupoudrant vos salades, riz, et céréales. Je vous avoue un petit secret : je suis loin d'être une fana du goût du curcuma mais je sais qu'il est bon pour la santé, c'est pourquoi je ne fais pas l'impasse dessus.

LE VINAIGRE DE CIDRE

Il est assez méconnu, mais excellent pour la santé. Il nettoie le tube digestif, élimine les candida – ces champignons de type levure vivent dans notre système digestif, en symbiose, mais ils peuvent proliférer (lorsqu'on prend des antibiotiques, par exemple, et certains autres médicaments, qu'on abuse des sodas, et du sucre – car le candida se nourrit de sucre –, etc.). En trop grande quantité, à long terme, ils provoquent des maladies et affaiblissent notre système immunitaire. Le vinaigre de cidre reminéralise (il contient du potassium, du magnésium, du phosphore, du fluor, du fer et de la silice). Évidemment (eh oui !), préférez-le bio, d'autant que la culture des pommes est une des plus généreuses en pesticides… L'investissement est mérité.

Vous avez du mal à digérer ? Ou vous avez été empoisonné et réagissez avec une jolie intoxication alimentaire ? Versez 2 cuillerées à café de vinaigre de cidre dans un verre d'eau, ajoutez un peu de miel pour faire passer, et buvez-le une demi-heure avant de manger. Faites une petite cure d'une semaine de temps en temps, votre ventre vous remerciera ! Mais comme tout, n'en abusez pas.

L'AIL

Non, l'ail n'est pas l'apanage des trouillards qui craignent les vampires, ni des célibataires endurcis qui ne redoutent pas l'haleine qui tue… Je m'insurge ! Car l'ail a tout bon ! Faut-il rappeler ses extraordinaires vertus ? Ici, encore, les études foisonnent et explorent sans cesse son pouvoir dans la lutte contre de nombreux cancers. Les données existantes concernent de très fortes doses d'ail, mais la corrélation entre sa consommation et l'effet bénéfique est indéniable. L'ail diminuerait ainsi le risque de cancer du côlon, de l'estomac, de la prostate, du sein. Il a une action anti-inflammatoire, protège le cœur, fait diminuer le taux de cholestérol ; il est aussi antimicrobien. Mais encore une fois, la dose doit être importante (2 gousses par jour !). Bien sûr, je vous parle d'ail cru ou cuit, sachant que lorsqu'elle cuit, la gousse perd de ses propriétés, c'est pourquoi on conseille de l'ajouter une quinzaine de minutes avant la cuisson pour en conserver autant que possible les vertus.

Moi, j'en mets vraiment partout, et je raffole du petit goût si particulier qu'il confère aux plats. Les pâtes à l'ail, par exemple, sont un délice !

L'EAU DE COCO FRAÎCHE

Attention, je ne parle pas du lait de coco ! Très bon, certes, mais il est aussi super gras. Non, l'eau, c'est vraiment le jus, ce liquide à peine trouble précieusement enfermé au cœur de la noix de coco, et qui a un effet désaltérant magnifique. L'eau de coco recèle de nombreux nutriments, notamment du potassium en très grande quantité (un verre en contient plus qu'une banane !), renforce le système immunitaire et améliore l'équilibre acido-basique. Elle prévient également le vieillissement grâce aux cytokinines, une phytohormone, qu'elle renferme. Un ou deux verres par jour, c'est super, sachant que pour ceux qui sont au régime, elle contient un peu de sucre, donc il ne faut pas l'utiliser pour remplacer l'eau. Moi, je la bois après le sport pour me donner un coup de fouet. Autre atout : on en trouve partout désormais, du magasin bio à l'hypermarché. Mais n'en abusez pas. Comme tout fruit exotique, la noix de coco vient du bout du monde, et n'est donc pas très écologique. Ça aussi, il faut y penser...

LES GRAINES GERMÉES

Non seulement leurs vertus sont extraordinaires mais en prime, je trouve qu'il y a une satisfaction incroyable à faire pousser quelque chose que l'on va manger. Les graines germées constituent un mini-potager au cœur de la cuisine ! On guette les petites pousses, on les regarde grandir, et il n'y a aucun intermédiaire. C'est comme si on ramassait ses fruits soi-même, et ce qui est génial, c'est qu'on peut le faire partout, même dans un studio ! De plus, quand on a des enfants, je trouve sympa de leur transmettre la conscience de ce qu'ils mangent, qu'ils voient combien de temps une petite graine de rien du tout met à pousser, qu'ils prennent conscience de la fragilité et de la beauté de ce qu'ils mangent. De plus, faire pousser des graines est ludique : nous faisions de la culture de graines à l'école, quand j'étais petite, mais on n'avait pas de germoir, on faisait ça sur de la gaze et ça finissait toujours par pourrir ! Il est facile d'acheter cette gaze en magasin bio aujourd'hui (environ 8 à 10 euros), et l'utilisation est infinie, puisque l'on peut faire germer quasiment toutes les graines. La plus connue, parce que plus douce au goût, est celle d'alfalfa (ou luzerne), bourrée de vitamines (A, B1, B2, B6, C, D, E, K), de protéines (environ 20 %) et de minéraux (calcium, potassium, magnésium, fer, phosphore, soufre, cuivre, manganèse). À parsemer sur les salades, les céréales, sur des tartines, dans les sandwichs, etc. J'aime aussi les graines germées de lentille, de haricot mungo. Vous pouvez tenter le blé, l'amarante, l'avoine, l'épeautre, le kamut, le millet, le carvi, le fenouil, le fenugrec, le soja bien sûr, l'azuki, mais aussi les graines de carotte, de céleri, de brocoli, de chanvre, d'épinard, de pois chiche, de petit pois, de radis, de cresson, de lin, de moutarde et j'en passe !

Toutes ont des saveurs différentes qui ne demandent qu'à être explorées. Laissez libre cours à votre imagination !

LE CITRON

Encore un ingrédient magique ! Je bois toujours le jus d'un citron dans de l'eau tiède à jeun, le matin. Cette boisson améliore l'équilibre acido-basique dont je vous reparlerai plus loin, nettoie le foie, favorise la digestion et apporte un vrai shoot de vitamine C.

Le citron est, lui aussi, un cobaye de choix pour les chercheurs, qui voient en lui un allié dans la lutte contre de nombreux cancers et les maladies cardio-vasculaires. Il contient en effet des flavonoïdes, antioxydants, et affiche au compteur de très belles propriétés antivirales et antibactériennes.

Mon truc beauté : le citron est excellent pour lutter contre les pores dilatés. Poser une tranche de citron - préalablement nettoyée - sur la peau permet de les refermer et diminue la production de sébum. À faire deux fois par semaine minimum pour un teint éclairci et revigoré. C'est excellent !

LES ALGUES

J'ai découvert leur diversité et leurs avantages au Japon, immense consommateur d'algues dont la variété est proprement renversante : ils en ont des kilomètres sur le marché, et jamais identiques. On en dénombre environ 25 000 espèces, quand même (mais bien sûr, toutes ne sont pas comestibles, loin de là !). Au Japon, elles font partie intégrante de la cuisine, comme j'ai pu le constater lorsque j'ai visité l'île des centenaires à l'occasion d'une émission des « Pouvoirs du corps humain ». Les scientifiques tendent à penser que les algues sont pour beaucoup dans leur longévité.

C'est logique : les algues sont un concentré de minéraux (les algues stockent mieux le calcium et le fer que les plantes terrestres !), de vitamines (surtout A,

C et E), d'antioxydants, de fibres, tout cela avec un moindres apport calorique.

Elles sont parfaites si vous appréciez un petit goût iodé, et j'aime leur classement par couleur : vert, brun ou rouge. Leurs noms aussi sont d'un exotisme fou et donnent envie de les intégrer à nos assiettes : laitue de mer, cheveux de mer, mousse d'Irlande, haricot ou spaghetti de mer, nori, wakame, hijiki, varech, laminaires... On part déjà en voyage, n'est-ce pas ?

Pour les flemmards comme moi, il est possible d'en acheter à saupoudrer, sur les pâtes, les céréales, les salades. Rien de plus facile : elles se glissent partout ! On en trouve dans les épiceries asiatiques, les supermarchés et rayons « vegan » et bio.

LE CHOU

Le chou sous toutes ses formes (rouge, blanc, vert, frisé, chinois, pointu, de Bruxelles, fleur, romanesco, pommé et j'en passe !) est un aliment phare de ma culture, et c'est un super aliment. En France, les crucifères ont des accents médiévaux et ne sont pas vraiment *hype* (à part le chou kale, délicieux d'ailleurs, et encensé par les stars américaines pour son taux de vitamines, d'antioxydants et ses propriétés détoxifiantes). Mais dans mon pays, le chou a toujours été et continue d'être très populaire. Je ne peux qu'abonder dans ce sens, car le chou est l'aliment roi par excellence ! Il est d'ailleurs parfois surnommé le « médecin des pauvres » ! Il contient de nombreuses vitamines (notamment du bêta-carotène, de la vitamine C, B9, K), des antioxydants (le chou rouge contient un maximum de flavonoïdes), du calcium, du cuivre, du manganèse, du fer, du potassium, du magnésium. Il est connu depuis l'Antiquité pour certaines de ses vertus (en Grèce antique, il était utilisé sous forme de cataplasme contre quantité de maux, de la migraine à la plaie suintante. Aujourd'hui encore, la Leche League recommande aux femmes allaitantes de s'enrober les seins de feuilles de chou vert pour apaiser les engorgements !). Ceux qui le dégustent depuis longtemps connaissent ses bienfaits anti-inflammatoires et détoxifiants. Il constitue aujourd'hui un sujet d'étude privilégié pour de nombreux chercheurs puisque sa consommation régulière contribuerait à diminuer le risque de cancer (du côlon, du poumon, et même de la prostate et du sein). Bref, qu'est-ce que vous attendez ?!

LE CHOU BLANC FERMENTÉ

En Slovaquie, le chou blanc fermenté (le même que pour la choucroute) est l'ingrédient phare de deux des principales recettes qui suivent, et un puissant souvenir d'enfance pour moi. Mes grands-parents le préparaient en effet à l'automne : on en remplissait de grandes et larges jarres en terre cuite, faites pour la fermentation, avec un bouchon en pierre recouvert d'un couvercle en terre cuite. On plaçait les jarres dans notre garde-manger, et on laissait fermenter. Je me souviens quand j'allais chercher quelque chose dans cette grande réserve : l'odeur était pestilentielle, mais quand on ouvrait le couvercle, l'odeur était encore plus insoutenable et laissait s'échapper de grosses flatulences de chou, ce qui me fascinait totalement. Le chou fermenté devait être prêt pour Noël. En France, bien sûr, on a la choucroute, qui y ressemble beaucoup.

Aujourd'hui, j'achète du jus fermenté de choucroute ou de la choucroute, car ils contiennent beaucoup de vitamines, en magasin bio. Le jus est prédigéré par des bactéries, et la boisson obtenue regorge de vitamine C et de probiotiques. Il faut en boire avec modération, car il est très salé et diurétique, mais ne pas se laisser abuser par sa saveur acide : une fois à l'intérieur de notre corps, il lutte contre l'acidité, justement ! Petite recommandation : ne choisissez pas de produit pasteurisé, il faut que le chou ait fermenté naturellement.

En magasins bio, on déniche aussi des bocaux de légumes lacto-fermentés, un concentré de vitamines et de minéraux, excellents en hiver !

LA SOUPE AU CHOU

Je vous ai dit que le chou, sous toutes ses formes, est l'aliment roi chez moi. La soupe au chou, par conséquent est un incontournable. Elle est même, dans sa version épurée, le plat traditionnel de Noël. Elle se prépare la veille, et elle est très personnelle : chaque famille ajoute ses petits secrets, ses ingrédients pour la faire à SA manière, donc lâchez-vous, et n'hésitez pas à expérimenter.

RECETTE *EXPRESS !*

LA KAPUSTNICA
(se prononce « kapoustnitza »)

500 G DE CHOU FERMENTÉ (choucroute).
Mes grands-parents utilisaient le chou qu'ils avaient fait fermenter, celui qui avait reposé de longs mois dans notre garde-manger. Bien acide, il était prêt !
Mais vous pouvez bien sûr l'acheter tout fait (c'est mon cas !).

6 SAUCISSES DE PORC (ou 6 tranches de jambon fumé. Le mieux, pour le régime, c'est encore sans viande)

VIANDE DE PORC

LARD (un peu, pour limiter les dégats)

3 POMMES DE TERRE

2 OIGNONS

2 À 4 GOUSSES D'AIL

PAPRIKA

BAIES DE GENIÈVRE

CUMIN

ENTRE 4 ET 6 PRUNEAUX (selon que vous aimez l'accord sucré-salé)

SEL ET POIVRE

UN GROS DÉ DE BEURRE

1 Faites fondre le lard dans une cocotte ou une marmite, puis faites dorer la viande.

2 On ajoute les oignons.

3 Quand les oignons sont translucides et que la viande a pris une jolie couleur, ajoutez un peu d'eau et les épices : paprika, baies de genièvre et cumin. Ma mère mettait vraiment beaucoup de paprika et de cumin, mais commencez peut-être doucement.

4 Laissez cuire environ 1 heure jusqu'à attendrissement de la viande.

5 Ajouter le choux (et son jus), les pruneaux, l'ail en gousses et les oignons émincés. Laisser cuire à feu doux.

6 Ajouter les pommes de terre coupées en gros morceaux, 15 min avant la fin de la cuisson.

7 La soupe se cuit longtemps (plusieurs heures), donc surveillez bien la cuisson et ajoutez régulièrement de l'eau en petite quantité (attention, pas plus de 1 litre).

La kapustnica est LA soupe d'hiver. Elle est acide, aussi n'hésitez pas à y ajouter un peu de sucre (notamment pour les enfants...).

LA KAPUSTNICA BLANCHE, VÉGÉ, SPÉCIALE NOËL !

C'est la soupe de Noël chez moi. Son goût est délicat, parfumé, simple, et elle est végétarienne. Je l'adore !
Il faut utiliser les mêmes quantités que ci-contre, mais on n'y met pas de viande. On fait donc revenir les oignons et l'ail dans le beurre, puis on suit la recette en y ajoutant des champignons séchés. Plein, plein, plein de champignons séchés.

On la laisse mijoter longtemps, en délayant si besoin avec un peu d'eau.

Et quand la soupe a une belle consistance épaisse, on ajoute beaucoup de crème fraîche et un peu de sucre pour adoucir. On y ajoute enfin un bouillon, du laurier et du poivre noir entier. C'est très simple et c'est délicieux !

LES CHAMPIGNONS

Ces petites têtes rondes sont idéales pour la digestion et constituent une cure de jouvence pauvre en calories, grâce aux cuivre, sélénium, fer, zinc et aux vitamines B2, B3, B5 et D qu'ils contiennent. Bien sûr, chaque champignon a ses caractéristiques propres, mais tous (tant qu'ils sont comestibles) nous apportent un joli cocktail reboostant.

Pour moi, les champignons ont une saveur très particulière, ils sont liés à mon enfance et à des souvenirs aussi drôles qu'heureux. Je vous ai dit, n'est-ce pas, que mes grands-parents possédaient un terrain de 2 000 m² dont chaque centimètre carré était utilisé et sur lequel tout ou à peu près poussait. Ils étaient autosuffisants et nous faisaient bénéficier de la prodigalité de cette terre. Mais les fruits et légumes ne descendaient pas de leurs branches sur leurs petites jambes pour venir se coucher dans notre panier... il fallait les CUEILLIR. Et pendant toute mon enfance, jusqu'au moment où je suis partie faire mes études à l'université, j'ai passé toutes mes vacances et la majorité de mes week-ends à ramasser tout ce qui poussait dans leur paradis. Et croyez-moi, c'était... l'enfer. Il y avait toujours plein de bestioles, on avait mal au dos, aux genoux, et je me rappelle avec horreur les araignées qui surgissaient au-dessus des framboises, beurk ! Nous étions une famille de cueilleurs, et le rythme de ces cueillettes a bercé mon enfance et mon adolescence. La cueillette la plus rock'n'roll a néanmoins été celle des champignons. Voici pourquoi.

ANECDOTE

Folle de champignons !

Je nourris une immense obsession pour les champignons séchés, vous allez comprendre la raison de cette folie.

Ma mère était nutritionniste, et spécialiste des champignons. De nombreux champignons poussent dans nos belles forêts slovaques, et les gens venaient la voir pour lui montrer leur récolte. Elle enseignait également la science des champignons. Dans ma région, c'était une sommité. Ma mère était extraordinaire : médecin, elle travaillait, cuisinait tout elle-même, cousait ses propres vêtements, possédait une garde-robe démente, s'occupait de notre armoire également, mais aussi de la literie, et en plus, elle était magnifique.

Quand venait l'automne arrivait... la saison des champignons. On cueillait tout ce qui était comestible, on les brossait, et on les coupait en lamelles. Première étape. Ensuite, on les faisait sécher. Lorsque j'ai habité chez mes grands-parents, les champignons colonisaient le grenier, mais par la suite, j'ai déménagé en appartement avec mes parents, dans une sorte de HLM. Maintenant, regardez bien : une fois les champignons préparés, ma mère les déposait sur du papier journal (ensuite, on a préféré du papier sans encre !), et les faisait sécher... partout. Et quand je dis partout, c'est littéralement partout ! Elle nous laissait un passage de 15 cm de large maximum pour pouvoir passer (un pied derrière l'autre), et à part ce corridor de sûreté, tout l'appartement (hormis les toilettes et la salle de bains) était recouvert de champignons ! Il fallait les retourner, en plus ! Ils restaient là pendant dix jours, et ensuite, elle repartait à la cueillette, et recommençait. C'est un souvenir que j'adore. Deux mois par an, en automne, j'ai dormi dans l'odeur mousseuse des champignons. Quand je rentrais de l'école, je pouvais les sentir depuis le palier, ils embaumaient. Aujourd'hui encore, j'adore cette odeur.

Maintenant, il suffit d'un séchoir et de deux ou trois heures, et hop, le tour est joué. C'est un peu triste. Tous les enfants devraient pouvoir slalomer entre les champignons une fois dans leur vie.

VOUS VOULEZ PERDRE DU POIDS ?

Vous ai-je raconté comment mon mari a perdu les 20 kg pris lorsqu'il a arrêté de fumer ? Au départ, il était dans un état de déprime avancé, lui qui avait eu un corps de jeune homme toute sa vie sans jamais s'inquiéter de rien. Du coup, il ne connaissait pas les bases de la nutrition et je me suis fait un plaisir de les lui donner. Il s'est donc mis à manger des salades... mais des saladiers entiers avec de l'huile à tout va ! Il a vite fait de rectifier le tir bien sûr, et la balance a recommencé à lui sourire très rapidement, d'autant que c'est à ce moment qu'il s'était mis à la boxe (une heure sur trois heures de sport par jour, ça fait un certain effet !). N'empêche que sa façon d'envisager les choses m'a fait réfléchir. Et la question : « comment manger ? » me paraît aujourd'hui très saine à poser. Car bien sûr, le contenu de l'assiette est important. Entre un foie gras et une salade de céréales remplie d'énergie, il y a un monde. Mais la quantité est aussi importante !

Ma grand-mère disait : « Une femme, ça mange comme une petit oiseau. » J'aime cette formule, parce qu'elle me paraît adaptée. Manger de tout en petite quantité est la meilleure façon de faire. Ainsi, on ne crée pas de frustrations et on est serein par rapport à la nourriture. Il me semble qu'en général, dans nos sociétés occidentales, nous avons un rapport très affectif à la nourriture. Elle nous réconforte, et si l'on se prive trop, on fait naître des frustrations et des obsessions, on se focalise sur ce qui nous fait envie, et on finit par faire n'importe quoi. Sans compter que ça occupe notre esprit, et on a peut-être mieux à faire, non ?

MANGER MOINS, PLUS SOUVENT...

Je vous conseille de prendre un petit déjeuner, puis un déjeuner, mais aussi un goûter. Pas de tartines dégoulinantes de Nutella (quoique, ça fait tellement du bien parfois que, personnellement je ne m'en prive pas de temps à autre), mais des noix et des fruits secs ou des fruits par exemple. Ainsi, vous mangez moins le soir et vous n'avez pas faim (une notion qui me tient très à cœur !). La quantité raisonnable est la bonne. Ne vous resservez pas si vous voulez garder la ligne ou si vous devez perdre du poids.

Il faut aussi bien mâcher. La salive contient une enzyme au nom barbare d'amylase salivaire qui coupe le glucose, c'est-à-dire le sucre, en petits morceaux et permet ainsi son assimilation optimale (vous vous souvenez à quoi carbure notre cerveau ?). Bien mâcher évite de fatiguer inutilement notre système digestif et permet de mieux absorber ce que nous avons pris soin de manger.

De mon point de vue, la clé lorsqu'on veut perdre des kilos est de ne jamais oublier le plaisir. Il faut le plus possible consommer des légumes et des fruits frais, faire pousser des herbes sur un petit bout de balcon pour parfumer chaque plat, qu'il soit savoureux, n'entraîne pas de déception pour nos papilles, y adjoindre des céréales complètes, des œufs (peu caloriques), des petites graines qui rehaussent, qui changent le goût et remplissent nos sens de satisfaction. À chacun sa manière d'arranger sa cuisine, d'empêcher les frustrations. Ne soyez pas trop dur avec vous-même, réfléchissez aux écueils qui vous guettent (la fringale du soir, le goût sucré qui viendrait à manquer). Et réagissez. Si vous êtes comme moi accro au sucre, n'hésitez pas à tester mes petites recettes. En quantité raisonnable, elles ne vous feront pas de mal. Tout est une question de proportions... et d'individu.

Ma sœur, ultra gourmande comme moi, achète au jour le jour, selon ses besoins et ses envies (ou pour deux jours au pire). Elle ne mange plus à partir de 18 heures, et comme ses placards ne contiennent que le nécessaire, elle ne risque pas de se réveiller en douce pour aller faire la peau à un paquet de chips familial, si vous voyez ce que je veux dire ! Cette façon de procéder marche du feu de Dieu pour elle.

Cependant, ça ne fonctionne pas pour moi. Les interdits me rendent folle. Dès que je n'ai pas droit à quelque chose, ça tourne à l'obsession et je peux faire des ravages autour de moi.... Donc à chacun sa façon de procéder. Écoutez-vous, faites-vous confiance.

Et puis, pour perdre du poids, on peut utiliser la ruse. Par exemple, en Australie, j'ai dégusté de merveilleux sandwichs, dont le beurre avait été remplacé par du houmous, autrement dit, de la pâte de pois chiches. Cette alternative est super maligne : pas de gras animal, et un apport substantiel de protéines ! Soyez inventifs, et n'hésitez pas à casser les codes et les habitudes en testant. C'est comme ça qu'on apprend.

FOCUS

Le konjac pour fondre

C'est quoi ce truc au nom barbare ? Voilà ce que je me suis dit la première fois que j'en ai entendu parler. Mais pour ceux qui ont envie ou besoin de perdre des kilos, le konjac est un Graal, rien de moins : c'est simple, ce tubercule originaire d'Asie (et très prisé là-bas) a une charge calorique quasi nulle (3 kcal pour 100 g !). Aucune vitamine ni minéraux non plus, mais des fibres excellentes pour notre système digestif, puisqu'une fois dans l'intestin, elles y attrapent les toxines et nous en débarrassent ! Comme le konjac en est riche, et que ces fibres ralentissent la digestion, le glucose est redistribué plus lentement, ce qui régule la glycémie. C'est ce qui fait du konjac un aliment très intéressant pour les diabétiques. Le konjac est aussi connu, bien sûr, pour son action coupe-faim. La meilleure façon de le consommer, selon moi, est sous forme de pâtes, mais il faut veiller à le garnir d'une bonne quantité de légumes pour pallier son manque de nutriments. Si le konjac n'a pas énormément de goût, il présente la particularité d'absorber celui des aliments auxquels il est associé. N'hésitez pas, dès lors, à user et abuser des épices et herbes pour parfumer votre assiette gourmande. Vous verrez aussi qu'il n'a pas la même consistance que des pâtes de blé, il est un peu plus caoutchouteux, mais on s'habitue très vite.

Vous pouvez faire une petite cure de trois ou quatre semaines à raison de deux repas de konjac par semaine. Pas plus, et n'oubliez pas de bien boire pour ne pas bloquer votre transit…

ET LE GLUTEN ?

Ah ! Le gluten ! Qui n'a pas entendu parler du régime « sans gluten » qui rend les gens heureux, magnifie le teint, donne des ailes, fait pousser les cheveux trois fois plus vite, fait tomber les hommes comme des mouches... OK, OK, je m'emballe un peu ! Mais je ne suis pas la seule : pour preuve tous ces gens qui éliminent le gluten de leur régime alimentaire ! Ils croient un peu au Père Noël, non ? Si j'aborde le sujet sous le ton de la rigolade, c'est parce que j'ai vraiment l'impression que l'on raconte tout et n'importe quoi sur ce point. Or s'il y a bien une chose qui m'effraie c'est « l'effet mode ». Attention : l'intolérance au gluten est une maladie chronique de l'intestin grêle, auto-immune, heureusement plutôt rare (elle touche entre 0,7 et 2 % de la population en Europe), appelée maladie cœliaque. Elle est due à une prédisposition génétique. Certes, elle serait en augmentation à cause de l'omniprésence du blé dans notre nourriture (notamment industrielle), mais rien à voir avec l'avalanche présente. Ce qui est sûr, en revanche, c'est qu'il ne faut pas manger que du blé, mais comme vous avez commencé à lire ce livre, vous le savez déjà, pas vrai ? Variez les céréales : riz, sarrasin, quinoa, millet, amarante, maïs ne contiennent pas de gluten.

Consommer plusieurs céréales en alternance évite que votre corps ne sature et lui permet de puiser ses apports dans différentes sources. C'est la meilleure manière de prendre soin de vos intestins, et donc de vous, sans devenir paranoïaque.

ZOOM

Le bicarbonate de soude

Le bicarbonate de soude est un petit ingrédient miracle que je conseille d'avoir toujours chez soi. C'est un remède très ancien, connu pour apaiser les maux de gorge et de ventre – notamment les brûlures d'estomac (diluez-en une cuillerée à café dans de l'eau et si le goût vous paraît terrible, ajoutez un peu de citron et/ou de miel pour faire passer) –, les affections de la peau (eczéma, mycoses plantaires, démangeaisons, …). Il blanchit les dents (en verser une fois par semaine sur votre dentifrice... attention, pas plus, parce qu'il peut attaquer l'émail des dents). Il corrige également l'acidité et permet de siroter du jus de citron en toute tranquillité. Enfin, il peut entrer dans la confection de certains gâteaux ou servir de déodorant ou d'hydratant. Bref, c'est un allié précieux !

Attention, le bicarbonate de soude utilisé pour la maison ou le linge est plus abrasif, veillez donc à acheter du bicarbonate comestible.

QUATRE ALIMENTS QUE J'EMMÈNERAIS AVEC MOI SUR UNE ÎLE DÉSERTE !

> Des noix – amandes, noix, noisettes, noix de cajou, du Brésil, de macadamia.

> Des pommes.

> Des œufs, sous toutes leurs formes.

> Des baies – myrtilles, cassis, groseilles.

(Et un maillot de bain, bien sûr...)

FOCUS

L'eau, c'est la vie !

Eh oui ! Grande nouvelle, n'est-ce pas ? Sans rire, il arrive souvent qu'on ne boive pas assez. Sans sombrer dans la potomanie (maladie qui consiste à se gaver d'eau jusqu'à en mourir !), il faut boire suffisamment pour hydrater notre corps, composé à 55 % d'eau pour une femme et 60 % pour un homme. Voyez plutôt : une femme de 60 kg compte 33 litres d'eau dans son organisme ! La répartition est bien sûr inégale (les poumons comportent 90 % d'eau, le sang 83 %, contre 22 % pour les os et 10 % pour le tissu adipeux), et surtout, elle doit se renouveler régulièrement, puisque nous éliminons entre 2 et 2,5 litres d'eau par jour (transpiration, respiration, urine...). Il nous faut donc remplacer ces liquides perdus. Le must est si possible d'anticiper sa soif et de ne pas laisser son corps l'exprimer. Boire entre 1,5 et 2 litres selon sa taille est parfait.

Perso, j'aime rompre la monotonie d'une bouteille d'eau grâce à certains stratagèmes. Par exemple, dans une carafe remplie d'eau minérale, je coupe en morceaux du concombre, du citron et quelques feuilles de menthe, et je laisse infuser toute la nuit. L'eau obtenue le lendemain est parfumée et gorgée de vitamines, elle est désaltérante, le goût en est délicieux.

Jamais sans ma tisane

En Slovaquie, on consomme beaucoup de tisanes, c'est culturel. Petite, j'habitais à la montagne et mon grand-père allait y cueillir une multitude d'herbes qu'il faisait ensuite sécher. C'est avec lui que j'ai appris à les reconnaître. Notre maison était une vraie herboristerie. Il avait aussi un magnifique tilleul, et aujourd'hui encore, l'odeur de cette plante me bouleverse.

Une des tisanes que j'adore et que je consomme depuis mon enfance, c'est l'infusion de thym serpolet. J'en rapporte des paquets quand je rentre de Slovaquie. En slovaque, son nom signifie : « le souffle de la mère », et une légende célèbre raconte que le thym est une maman qui, pour protéger son enfant, s'est transformée en fleur. Le thym serpolet est peu connu en France, mais il est excellent pour le système nerveux. Il aide à lutter contre l'anxiété, les crampes, l'inflammation des bronches.

Pour la digestion, j'aime le cumin. Les graines bouillies colorent l'eau en jaune fluo et c'est excellent contre les ballonnements.

Mon amour pour les tisanes est culturel, mais pas uniquement. J'adore les rituels et me préparer ma petite tisane le matin est un grand plaisir. Je choisis les bonnes plantes, je les mélange dans une jolie théière et je savoure.

VIS
MA
VIE

Ma routine

Je ne vais pas m'appesantir, mais j'aimerais vous raconter comment se déroule une de mes journées. Enfin, dans un monde idéal, car ce n'est pas toujours le cas !

D'abord, je bois mon fameux citron dans de l'eau tiède, à jeun, puis j'enchaîne en prenant ma tisane. Ensuite je pratique mon sport. C'est seulement après que je fais un vrai petit déjeuner, à base de porridge de chia, ou parfois de flocons d'avoine ou de céréales baignées dans du lait végétal (amande, soja, riz, noisette) auxquelles j'ajoute des fruits frais et un peu de miel.

Et je bois du café. J'adore le café.

La pause café est un moment important pour moi. Je n'en buvais pas quand j'étais jeune. C'est une parenthèse plaisante où mes papilles profitent pleinement de l'amertume et de la richesse des arômes. Je le déguste, et parfois, je fais des trucs pas bien comme des cafés chantilly...

Le midi, je mange assez léger, d'abord parce que je privilégie les petites quantités, ensuite parce que je suis victime d'une déformation professionnelle : pendant mes années de mannequinat, je ne mangeais que très rarement le midi. C'est compliqué de déjeuner quand on est en plein shooting ou que l'on se fait maquiller : ça salit, et il faut tout recommencer.

Je mange de bons plats, qui tiennent au corps : une salade avec des protéines (mélange lentilles/riz, lentilles/quinoa, ou œufs). Et un café !

Dans l'après-midi, je fais toujours un petit goûter de fruits. Les pommes ont ma préférence. Et je prends aussi quelques fruits secs, dont je raffole. Pour moi, le meilleur en-cas, toutes catégories confondues, est à base de noix sous toutes leurs formes. Cette collation est indispensable pour avoir de l'énergie, surtout quand on ne se goinfre pas le midi !

Le soir, j'aime... les soupes, mais je suis sûre que vous n'êtes pas surpris.

ZOOM

La cuisson en question

Le secret pour conserver la saveur et les nutriments des légumes ? Ne pas surcuire. Depuis peu, j'ai banni la cuisson vapeur de ma cuisine. Oui, je sais, tout le monde raconte que c'est idéal, mais il se trouve que des spécialistes rencontrés lors d'une émission « Les Pouvoirs extraordinaires du corps humain », qu'on anime avec Michel Cymes, m'ont expliqué le contraire. D'après le docteur Olivier Coudron, responsable du DU alimentation santé micronutrition à l'Université de Bourgogne, lorsque l'on cuit à la vapeur, l'eau qui s'évapore emporte avec elle une partie des nutriments contenus dans la plante. La vapeur retombe, se transforme en gouttelettes... et dépose les vitamines au fond de la cocotte (ou du cuit-vapeur, bref, vous voyez l'idée). Si on boit le jus, on se réapproprie les vitamines en question, mais c'est rarement le cas !

La seule cuisson vapeur qui vaille, c'est celle de la soupe, mais souvent, on la laisse mijoter longtemps et les vitamines, fragiles, meurent. Alors qu'au four, à feu très doux, on en conserve un maximum ! Désormais, je fais donc tout cuire au four.

Je dispose un papier alu sur ma plaque, je pose mes légumes dessus, sans rien (et c'est possible avec TOUS les légumes : pommes de terre, carottes, courgettes, betteraves !), et je fais cuire doucement (à 100 °C, th. 3) pour conserver les précieuses petites vitamines. Attention, il ne faut pas saler ! Personnellement, je préfère les légumes croquants, donc je ne les laisse pas longtemps au four. Mais vous pouvez décider de les sortir plus cuits, c'est au goût de chacun.

Ensuite, je les place au frigo, où ils se conservent une semaine ! Ils ne pourrissent pas comme les légumes vapeur car ils ne sont pas gorgés d'eau.

LE PETIT TRUC EN PLUS : J'adore préparer une petite sauce gorgée de vitamine C : je mixe du persil et de la coriandre à foison, de l'ail, avec une moitié d'huile d'olive pour le goût, et l'autre moitié d'huile de colza pour les oméga-3, j'ajoute une cuillère à soupe d'eau et le jus d'un demi-citron puis j'en nappe généreusement mes légumes. À vous !

LES RECETTES DE MON ENFANCE

Vous l'avez compris, la star de mon enfance, celle qui fait encore vibrer mes sens et spécialement mes papilles, c'est la soupe, notamment les soupes aigres-douces, délicieusement acidulées. Chez moi, nous en sommes fadas ! Vous avez déjà eu un aperçu de tout ce que l'on peut faire avec du chou. Mais je tenais à vous livrer d'autres recettes qui me plongent dans des abîmes de bonheur et de souvenirs avec ma grand-mère. Histoire de mettre un peu de Slovaquie dans votre vie...

LE GOULASCH

Chacun a ses proportions, sa cuisson, sa recette, ses trucs et astuces.

Le vrai goulasch de mon enfance, plat hongrois, se cuisinait dans une grosse marmite en fonte... dans le jardin. On faisait un feu, et on mettait à cuire les aliments, qui mijotaient des heures, la fumée s'envolant dans le ciel. C'était un moment magique et le cuisiner constituait un événement. Il s'agit d'un plat commun mais qui demande du temps de préparation, on le cuisinait le vendredi ou le week-end, on en faisait des quantités énormes et on les plaçait au frais.

Ma mère et ma grand-mère y mettaient des carottes, des navets de chez nous (appelés choux-raves en français), des panais, des quantités dingues de persil, du céleri, beaucoup de paprika, des poivrons et des brassées d'oignons. Elles faisaient revenir, puis dorer la viande (bœuf, porc et agneau). Ensuite, elles ajoutaient de l'eau et laissaient mijoter avec des pousses de sapin, de la marjolaine, de l'ail, des graines de cumin concassées ou en poudre. Puis elles laissaient réduire.

C'est notre ragoût à nous. Lorsqu'il est épais, on le mange avec du riz. Lorsqu'il est plus liquide, on le déguste sous forme de soupe avec une épaisse tranche de pain.

Voici les proportions « classiques » pour 4 personnes, à vous de voir ce qui vous inspire, enlevez, ajoutez :

RECETTES *EXPRESS* !

LE GOULASCH

500 G D'OIGNONS

4 CAROTTES

3 GOUSSES D'AIL

1 OU 2 POIVRONS

2 BRANCHES DE CÉLERI

1 OU 2 PANAIS

PERSIL

3 CUILL. À S. DE BEURRE

3 CUILL. À S. DE PAPRIKA DOUX

1 CUILL. À C. DE PAPRIKA FORT

1 CUILL. À C. DE CUMIN CONCASSÉ

1 CUILL.À S. DE MARJOLAINE

1 KG DE VIANDE

LES SOUPES DE MA GRAND-MÈRE

LA SOUPE… À LA SALADE

Quand je vous disais qu'on ne mangeait pas de salade : nous, on en fait de la soupe ! Je n'ai pas les proportions, car c'est une cuisine à l'instinct : on ajoute ce que l'on a envie de goûter.

La seule base à respecter est la suivante (en réalité, c'est le lit de toutes les soupes de ma grand-mère) : on commence par faire dorer du beurre, de l'ail et de la farine dans le fond d'une marmite, en remuant bien avec une cuillère en bois, puis, lorsque tout est homogène, on ajoute de l'eau froide et on mélange pour qu'il n'y ait pas de grumeaux.

On ajoute ensuite de la laitue coupée en lamelles et de l'aneth coupée. On poivre, on sale, et à la fin, on ajoute de la crème fraîche.

On peut remplacer la laitue par des orties. Cette soupe est liée pour moi aux soirs d'automne, au froid qui s'annonce et au bonheur d'être réunis autour d'un bon feu et d'un bon repas.

LA SOUPE DE POMMES DE TERRE

On utilise la base : beurre + huile d'olive + ail + farine, que l'on fait dorer et à laquelle on ajoute de l'eau froide.

On fait cuire séparément un œuf dur.On ajoute des oignons coupés menus, 2 gousses d'ail hachées, auxquelles on ajoute un fond d'eau froide.

On incorpore ensuite les pommes de terre coupées en dés, du cumin, 2 ou 3 feuilles de laurier et du poivre de la Jamaïque, puis on ajoute du lait ou un peu de crème liquide, de l'aneth. Et on laisse mijoter à feu doux. Remuer pour éviter les grumeaux. On peut également ajouter 1/2 bouillon de légumes pour plus de parfum.

On sert dans une assiette, on ajoute une pointe de vinaigre blanc et une pincée de sucre. On dépose 1/4 d'un œuf dur sur l'assiette.

C'est prêt !

LA SOUPE AUX CHAMPIGNONS

C'était la soupe anti-coup de froid de ma grand-mère ! Gorgée de vitamine C, elle est parfaite pour soutenir le système immunitaire. Faites dorer des champignons coupés en petits dés (toutes les variétés comestibles de champignons), et ajoutez-y une échalote, un peu d'huile d'olive et de l'eau. Laissez mijoter 30 minutes.

Pendant ce temps, hachez menu de la coriandre et du persil.

Ajoutez les herbes au bouillon, salez, poivrez, et dégustez aussitôt.

FOCUS

Le carvi (ou cumin des prés)

Cette plante dont on utilise les graines est excellente pour la digestion. On en met beaucoup chez nous, en Slovaquie, elle parfume délicieusement les plats et garantit un ventre sain et reposé ensuite, car le carvi agit sur l'estomac et les intestins, évite les ballonnements, les spasmes, les douleurs, et lutte contre les éventuels parasites. Le carvi est un puissant anti-inflammatoire, il stimule aussi l'appétit et préviendrait les cancers de l'estomac et du foie. Bref, n'hésitez plus, si vous aimez son petit goût, intégrez-le sans hésitation à vos plats !

LES SALADES DE MA GRAND-MÈRE

Je vous avais dit que j'en reparlerais ! Chez nous, donc, la salade est annexe et fait figure d'accompagnement, servie dans un petit bol. Autre particularité : pas d'huile dans la salade ! Nous privilégions les saveurs sucrées-salées. D'ailleurs, quand j'étais petite, on n'avait pas de vinaigre de vin en Slovaquie, et on n'avait donc pas de raison d'ajouter d'huile. Pour la petite histoire, lorsque j'avais 20 ans, j'ai fièrement rapporté d'un de mes séjours en France une bouteille de vinaigre de vin à ma famille, et au début, tout le monde a trouvé ça dégoûtant. Parfois, nous utilisions de l'huile de tournesol, mais c'était rarissime.

Voici trois recettes de ma grand-mère.

RECETTE *EXPRESS !*

SALADE DE PRINTEMPS

3 TOMATES

2 POIVRONS LONGS VERTS (corne de bœuf)

1 OIGNON

PERSIL

VINAIGRE BLANC

SEL, POIVRE, SUCRE

1 Coupez les tomates et les poivrons en dés.

2 Hachez l'oignon et le persil.

3 Mélangez le tout dans un saladier, ajoutez 1 cuill. à s. de vinaigre (vous adapterez selon votre goût), du sel, du poivre et un peu de sucre pour adoucir.

RECETTES *EXPRESS* !

LA CONCOMBRESQUE

2 CONCOMBRES ÉPINEUX
(reconnaissables à leur silhouette trapue proche de celle du cornichon et à leurs bossettes)
SEL, POIVRE, VINAIGRE BLANC ET SUCRE

1 Le secret de cette salade réside dans la consistance des concombres, donc dans leur découpage : ils doivent être coupés en très fines rondelles, comme du papier.

2 Mélangez dans un petit bol le vinaigre avec un peu de sucre, délayez, ajoutez du sel, beaucoup de poivre et versez cette sauce sur les concombres.

LA CŒUR DE LAITUE

La recette est simplissime : vous effeuillez un cœur de laitue, et ajoutez cette même sauce aigre-douce... C'est prêt. Simplissime, je vous dis.

BONUS

La tartine magique

Liée aux saveurs poivrées de mon enfance, cette tartine constitue pour moi un boosteur de moral immédiat ! Coupez une belle tranche de pain (au levain, tant qu'à faire), beurrez-la généreusement, ajoutez de fines tranches de poivron vert, long et sucré, que vous poserez délicatement dessus. Salez. Savourez.

FOCUS

Un oublié qui ne compte pas pour des prunes : l'équilibre acido-basique

Notre corps est une machinerie performante et ô combien précise. Pour être au top, le sang doit afficher un pH de 7,4 (entre 7,38 et 7,42, exactement). Ce pH est garant de notre bonne santé et du fonctionnement optimal de chaque minuscule rouage et acteur de ce fabuleux appareil. Si l'équilibre est rompu, gare à nous. De nombreux organes veillent à l'équilibre acido-basique, par exemple les poumons, ou les reins, qui filtrent et éliminent l'acidité, mais ils ne sont pas les seuls. L'activité physique ou émotionnelle, la transpiration et bien sûr l'alimentation influent sur le pH, elles peuvent le faire basculer dans un sens ou dans l'autre. Mais le plus souvent, c'est l'acidité qui l'emporte, car le régime alimentaire occidental est trop acide. En cause ? Les acidifiants consommés en trop grande quantité : sodas, sucre, viande, alcool, lait, fromage, céréales, mais aussi la sédentarité, le « trop de sport », le stress, ou... une mauvaise respiration ! Résultat ? On met notre corps à mal, et celui-ci se démène pour arranger les choses, patine, et on se déminéralise, voire on prépare le terrain pour de tristes inflammations, ainsi qu'une kyrielle d'autres maux pas follement sympathiques. La bonne nouvelle (mais oui, bien sûr que j'en ai une !) ? En mangeant plus de légumes et de fruits, en grande majorité basiques, on protège notre corps de ce déséquilibre intempestif. Attention cependant, leur classement est moins évident qu'il n'y paraît, puisque ce n'est pas parce qu'un aliment est acide au goût qu'il sera acide dans notre ventre... Le citron, acide en bouche, est alcalin dans notre corps. L'orange, elle, fait partie des exceptions, elle est effectivement acide. Sachez néanmoins que la grande majorité des fruits et légumes sont basiques, avec quelques pépites, parmi lesquelles les noix et le citron, au fort pouvoir alcalinisant, justement. Conclusion : mais oui ! Bravo : il faut manger varié, de bons légumes achetés avec amour au marché !

Pense-pas-bête : Vous pouvez contrôler votre pH de façon très simple, il suffit d'acheter des bandelettes spécifiques en pharmacie et d'uriner dessus.

Voilà, vous savez tout… ou presque.

À vous de piocher dans le foisonnement de légumes et de fruits que nous avons la chance d'avoir à notre disposition, à vous de tester, d'agencer en fonction de votre humeur, de vos besoins, de vos envies, pour chouchouter votre corps et lui apporter toute l'énergie et les bonnes choses qu'il lui faut pour fonctionner à merveille.

Et passons à un autre pan indispensable pour une vie saine et heureuse (mais oui !) : l'activité physique.

DEUXIÈME PARTIE

Bien dans votre corps, bien dans votre vie

Un corps au top, ça se travaille !

Vous voulez vous sentir bien ? Épanoui ? Faites du sport ! On entend ça partout, n'est-ce pas ? Certes, mais encore ? Pourquoi faire du sport ? Après tout, on est en droit de se poser la question. J'ai envie de vous répondre par une citation que j'aime beaucoup, pour son franc-parler et sa clarté inégalable : « Avant 40 ans, on fait du sport pour ses fesses. Après 40 ans, on fait du sport pour son cœur. » Téa Leoni, actrice et productrice américaine, a le don de résumer la situation avec brio, et je suis 100 % d'accord avec elle. Souvent, quand on est jeune et que l'on a une activité physique, on cherche à entretenir sa plastique (je sais de quoi je parle !). Mais plus on vieillit, plus on prend conscience que ce corps que l'on trimballe partout avec soi n'est pas la machine infaillible que l'on avait imaginée. Il peut riper, se gripper. Dès lors, à nous de décider d'en prendre soin et d'être méticuleux pour qu'il dure le plus longtemps possible. Glauque ? Pas du tout ! Vivre longtemps en bonne santé, être autonome, ne pas souffrir de douleurs intempestives, c'est le Graal, ce vers quoi, personnellement, je souhaite tendre. Vous aussi, probablement, sinon, vous ne seriez pas en train de lire ces lignes...

Mais l'activité physique ne sert pas qu'à entretenir cette machine. Elle recèle de nombreuses autres vertus, comme vous allez le voir.

La bonne nouvelle ? Tout le monde peut s'y mettre, et, je l'affirme haut et fort, n'importe quand.

Il n'est jamais trop tard.

COMMENT CHOISIR SON ACTIVITÉ ?

Je vais vous expliquer en détail ma routine personnelle. Elle est loin d'être naturelle chez moi, il a fallu que je me fasse un peu violence mais une fois que j'ai trouvé mon rythme, elle est devenue ma routine, à tel point que je ne peux plus m'en passer. Pourtant il faut me croire, je suis vraiment d'une nature fainéante, il faut tout le temps que je négocie avec moi-même. J'ai longtemps manqué de régularité jusqu'au jour où j'ai eu un déclic. Mais en attendant, je suis passée par plusieurs phases : au début intenses, un peu anarchique, puis peu à peu cela se régule, on apprend, on trouve progressivement son rythme.

Vous trouvez ça dur ? Pas de panique, c'est normal, tout le monde en passe par là. Déculpabilisez-vous et vous verrez, tout ira bien.

Mon corps étant mon instrument de travail, je le choie et lui impose une cadence plutôt soutenue... pour son bien, et parce que je le dois. J'espère de tout mon cœur que ma façon de faire vous inspirera, que vous pourrez y déceler des tonnes d'idées et de motivation, mais rassurez-vous, vous n'êtes évidemment pas obligé d'en faire autant ! Chacun son planning, son envie, ses possibilités.

Car lorsque l'on choisit une activité, le plus important, c'est qu'elle nous plaise. Sinon, adieu la motivation. Or de la motivation, il en faut, et pas qu'un peu. Enfiler sa tenue de sport et savoir que l'on va souffrir est assez difficile comme ça pour s'ajouter en prime du désagrément (« Beurk, la salle de gym sent tellement mauvais ! » ou autre « Oh là là, il va encore y avoir cette prof acariâtre... »). Pour que la discipline bienveillante soit efficace à 100 %, vous devez mettre toutes les chances de votre côté.

Mon credo ? On ne choisit pas une activité parce qu'elle est tendance. Il faut s'y sentir bien, avoir envie d'y aller, de se mettre à transpirer, qu'elle nous apporte ce que l'on en attend sur le plan physique et... autre chose essentielle : le plaisir d'avoir bien bossé, les rendez-vous avec un groupe sympathique, une bouffée de calme ou de la joie.

Je vais tout vous détailler sur ma méthode, élaborée au gré des rencontres, mais avant, je voudrais vous livrer un secret.

VIS
MA
VIE

Comment je me suis mise à courir

J'ai fait quinze ans de gymnastique quand j'étais enfant. Cela m'a peut-être donné quelques bases mais, de 16 à 40 ans, j'avoue n'avoir rien fait pour m'entretenir. En cela je peux dire merci à mon corps qui ne connaissait comme sport que la vie de mannequin toujours entre deux avions. Mais j'ai toujours détesté courir. À l'école primaire, on courait le 1 500 mètres. Tous ensemble. C'était ma hantise, ce cross. Je me souviens qu'une fois, j'ai cru mourir. Je n'y arrivais pas, c'était atroce. Je voyais les filles décamper sur leurs longues jambes musclées, et moi, je piétinais, le cœur au bord des lèvres. J'ai eu beau le supplier, mon professeur n'a pas voulu que je m'arrête avant, et quand j'ai enfin atteint la ligne d'arrivée, toutes mes copines étaient... à la cantine. Je suis arrivée la dernière. Il m'a fallu dix-sept minutes ! Plus tard, j'ai fait un test d'effort qui a confirmé que courir est difficile pour moi. Je m'essouffle vite. On n'est pas tous égaux, physiquement, et mon cœur à moi est un gros flemmard pas très musclé. Je ne serai jamais marathonienne. MAIS je peux travailler à m'améliorer. Car travailler le cardio est important. Il ne faut pas oublier que le cœur est un muscle. Si on veut qu'il soit en forme, bien ferme et performant, il faut l'entraîner. Je n'ose même pas vous dire combien de temps j'ai couru la première fois ! Bon, allez, si, je vous le dis : deux minutes. Oui, vous avez bien lu et il n'y a aucune erreur : j'ai couru deux minutes. J'ai mis plus de temps à m'habiller et à sortir de chez moi qu'à courir ! Seulement il était hors de question que je renonce car j'avais une excellente motivation : mon chien George (oui, comme Clooney). George est un staffordshire bull terrier. Je l'adore mais alors, il est é-pui-sant. Quand il était jeune, il courait tout le temps... dans la maison. Je n'avais pas un chien mais une sorte de flèche qui fendait l'air dans un sens, bzzzzzzzz, puis dans l'autre, bzzzzzz, puis encore, bzzzzzz, et encore, bzzzzzz, et il ne s'arrêtait jamais. Il fallait donc le sortir, mais je me suis très vite rendu compte qu'en réalité, le sortir ne suffisait pas : il fallait le faire courir.

Alors, j'ai pris une grande décision : on irait courir ensemble. Ça a changé ma vie (et la sienne !). Car désormais, j'attache sa laisse autour de ma taille, il me tire, on galope tous les deux, et je suis obligée d'y aller. Pour moi, bien sûr, mais aussi pour lui. Je détestais courir mais j'ai trouvé ma motivation. À vous de trouver la vôtre.

ACTIVITÉ PHYSIQUE VERSUS SPORT, LE COMBAT (QUI N'EN EST PAS VRAIMENT UN)

Quelle est la différence ? Pour moi, le point capital est qu'il faut en faire un mode de vie, pas suivre un cours de yoga-salsa sur corde pendant six mois (cours qu'on aura payé très cher), et puis hop, arrêter, dégoûté, parce qu'on s'ennuie, qu'on s'est fait mal, parce que c'est trop loin, bref, parce que ce n'est pas pour nous.

On n'est pas obligé d'en faire une obsession, non plus. Des petits mouvements de gym ou du stretching chez soi, de grandes marches et un peu de courses, ce n'est pas du sport, c'est de l'activité physique, et c'est parfait. Ce qui compte, c'est la régularité. Car si on pratique intensément un sport pendant un moment et qu'on arrête tout, laissez-moi vous peindre le tableau cataclysmique qui se profile : on grossit, les muscles fondent, et on devient tout flasque. Qui a envie de ça ? Même chose à échelle plus courte : mieux vaut pratiquer vingt à trente minutes par jour au moins quatre fois par semaine que de transpirer une heure trente une seule fois.

Chacun de nous a ses disponibilités, ses envies et ses besoins. Voyez mon mari, par exemple. Comme je l'ai dit, lorsqu'il a décidé de se reprendre en main, il a opté pour la boxe. Parce qu'il adore ça, la motivation est venue toute seule. Là, c'est du sport, du vrai. Mais il trouve son équilibre de cette manière, ça correspond aussi à sa personnalité, et ça colle avec son emploi du temps. Cette option serait impossible pour moi.

Moralité : ne copiez rien ni personne. Renseignez-vous sur les associations présentes dans votre ville, étudiez ce qu'elles proposent, et n'hésitez pas à demander s'il est possible d'assiter à un cours gratuitement, pour tester. Peut-être découvrirez-vous une activité dont vous n'aviez jamais entendu parler et qui vous épanouira !

PRATIQUEZ UNE ACTIVITÉ PHYSIQUE RÉGULIÈRE... VOTRE CERVEAU (ET VOS PROCHES) VOUS DIRONT MERCI !

Pourquoi ? Parce que c'est excellent pour le moral. Des chercheurs de l'université de Bristol, en Grande-Bretagne, ont ainsi montré (en 1999) que non seulement le sport aidait à lutter contre l'obésité, le diabète et les maladies cardio-vasculaires (logique, dès que le cœur et les poumons fonctionnent, ils s'encrassent moins vite, travaillent, conservent leur vitalité et s'entretiennent, l'oxygénation se fait mieux dans tout le corps, et dès lors, les connexions neuronales aussi !), mais il a aussi une incidence flagrante sur l'état d'esprit de chacun. D'après eux, il est désormais clair que l'activité physique améliore le moral, et les chercheurs de conclure qu'une activité physique modérée est recommandée et peut même être prescrite médicalement pour le traitement des patients souffrants de dépression, d'anxiété, de nombreuses autres pathologies, et plus largement, à tout le monde puisque bouger augmente significativement le bien-être psychologique. Autrement dit, on se sent mieux dans son corps, mais aussi... dans sa tête ! Avoir une activité, c'est donc arrêter de tourner en rond, débrancher des soucis, prendre du recul, se dynamiser pour mieux appréhender les choses. Sans parler des rencontres possibles. Moi, j'aime la solitude, mais dès lors que vous décidez de pousser la porte d'une salle (que ce soit pour du Pilates ou pour de la Zumba), vous élargissez votre cercle de relations, rencontrez de nouvelles personnes, vous vous ouvrez et évitez de vous encroûter. Bref, en clair, je n'y vois que des bénéfices !

OK, MAIS LE SPORT FAIT-IL MAIGRIR ?

N'y allons pas par quatre chemins : je crois sincèrement que se sentir épanoui et heureux passe par un subtil équilibre entre l'alimentation et l'exercice physique. Cette équation n'est pas uniquement valable pour les gens qui travaillent avec leur corps comme moi, elle est vraie pour tout le monde, y compris les intellectuels. Maintenant, la question est la suivante : avoir une activité physique régulière fait-il maigrir ? Désolée, mais c'est plus compliqué que ça. Je ne vais pas vous mentir, la dépense calorique qu'entraîne une pratique importante (par exemple, une heure de jogging ou de vélo) équivaut à environ 600 kcal brûlées. Sauf qu'il faudrait environ 8 500 kcal brûlées pour perdre un seul kilo de graisse ! Votre part de moelleux au chocolat, si vous voulez l'éliminer, c'est trois heures de vélo qu'il va falloir faire. Pour perdre 150 malheureuses calories, il faut marcher trente-cinq minutes et parcourir 3 km, ou bien sauter à la corde pendant quinze minutes, jouer au volley pendant quarante-cinq minutes ou faire une demi-heure d'aquagym ! Et si vous lavez vos fenêtres, vous devez frotter pendant une heure pour brûler ces 150 kcal... Donc, résumons : pas facile de maigrir en ne faisant que du sport ! Mais ce qui est important, c'est qu'on développe notre masse musculaire. En augmentant notre masse musculaire, nous augmentons notre métabolisme de base (MB), qui correspond aux besoins incompressibles de l'organisme, soit la dépense quotidienne permettant à l'organisme de survivre. Lorsque nous augmentons notre métabolisme de base, nous maigrissons car nous dépensons plus d'énergie. Pas mal, non ?

De plus, il faut bien penser que le sport donne faim. Donc je vais me dépenser, et puis... ça creuse alors je mange en rentrant chez moi. Contre-productif, pensez-vous ? Pas vraiment. Car une incompressible question d'arithmétique entre tout de même en ligne de compte : en faisant du sport, on dépense quand même plus. D'après moi, le sport ne doit pas être envisagé comme un régime : il arrive en soutien, car il aide à ne pas se ramollir, il tonifie, améliore la silhouette, la bonne tenue des muscles. Le danger des régimes, c'est justement de perdre de la masse musculaire. Le scénario catastrophe ? Une fois qu'on a des muscles qui ne consomment plus de calories, on mange, et là, on stocke tout ! L'activité physique évite ce genre de désagrément en préservant nos muscles d'une fonte intempestive. Et puis, surtout, le sport permet de se sentir vivant. Quand j'ai fait mon heure de sport le matin et que j'en éprouve de la fatigue, les muscles un peu douloureux d'avoir travaillé, je me sens heureuse. Parfois, même, j'exulte. Ça peut paraître maso mais c'est vrai : mon corps est présent, j'en suis consciente, et cette sensation est celle de la vie, du mouvement, de la chaleur, c'est merveilleux et ça vaut les petites courbatures.

TOUT EST... DANS L'ÉTAT D'ESPRIT

Mais oui, la revoici, la revoilà, cette discipline bienveillante dont je vous ai déjà parlé ! Car comme toute formule magique, elle est applicable à l'assiette, à la cuisine... et à l'activité physique ! Si vous attaquez trop fort et malmenez voter corps, votre moral chutera comme une pierre au fond d'un ravin, et vous ne tiendrez que difficilement. Mieux vaut commencer lentement et ne pas se fixer d'objectifs inatteignables, pour vous laisser une marge de manœuvre et de progrès substantiel. Si vous aimez la danse et vous jetez à corps perdu dans cinq cours de claquettes par semaine, le dimanche, vous ramasserez vos jambes à la petite cuillère. Dans ce cas, où trouverez-vous le courage d'y retourner le lundi ? Si vous avez abandonné le sport depuis un moment, recommencez petit à petit. Si vous en faites déjà, élargissez votre panel. Il faut savoir être modeste pour ne pas brutaliser son corps. Mieux vaut commencer doucement et progresser plutôt que de le maltraiter. Souvenez-vous toujours de votre objectif : la régularité.

Faire deux séances de cardio et une séance de renforcement musculaire dans la semaine est un but formidable. Moi, par exemple, j'ai une routine ultra-rodée et je pratique presque tous les jours (5 à 6 fois par semaine). Mais je suis aussi consciente qu'une routine existe pour être cassée ! Le moins possible, mais il faut s'autoriser des écarts, lâcher un peu, sinon, on devient un petit robot. Donc sachez que parfois, je m'arrête une semaine, parfois je fais mon sport quatre fois par semaine, selon mes disponibilités, mon état de forme, etc. Dans l'idéal, j'aimerais être plus régulière mais on est tous pareils : c'est compliqué avec nos vies trépidantes. Je fais donc du mieux que je peux.

N'oubliez pas non plus que l'exercice physique est partout : dans le métro, au supermarché, etc. Monter des marches, penser à serrer son ventre et à se tenir droit pendant que l'on fait les magasins... c'est la première marche. Tisser un lien avec notre corps, en prendre conscience, c'est savoir à chaque seconde qu'il est là et que nous l'habitons pour le meilleur et pour le pire. Autant que ce soit pour le meilleur, non ?

FOCUS

L'activité physique, jamais trop tard, on a dit !

Le lien n'est pas évident à première vue, et pourtant ! L'étude Ossébo conduite par des chercheurs de l'Inserm et publiée en 2015 dans le *British Medical Journal* (*Effectiveness of two year balance training programme on prevention of fall induced injuries in at risk women aged 75-85 living in community: Ossébo randomised controlled trial*), réalisée sur plus de 700 patientes de 75 à 85 ans pendant deux ans, montre ainsi que l'activité physique régulière prévient de façon notable les blessures dues aux chutes. Les femmes enrôlées étaient toutes physiquement diminuées, mais le groupe qui a suivi un programme d'exercice physique progressif a montré de bien meilleurs résultats, et une forme supérieure à celle du groupe qui n'a pas été mis au boulot ! Conclusion, comme je l'ai déjà dit, il n'est jamais trop tard. L'essentiel est de commencer doucement et de se sentir bien !

MA ROUTINE SPORT COMME SI VOUS Y ÉTIEZ

Et maintenant, entrons dans le vif du sujet. J'ai mis au point une sorte de petit programme journalier qui me convient parfaitement. Je me propose de vous l'exposer dans les moindres détails, photos à l'appui, pour que vous puissiez vous en inspirer au gré de votre temps et de vos envies. N'oubliez pas que j'ai fait de la gymnastique à un rythme soutenu pendant quinze ans, donc je ne pars pas de rien. Personnellement, j'aime beaucoup la méthode Laffay, qui fait travailler grâce au poids du corps, mais il faut être très sportif. Ma routine comporte deux aspects principaux.

D'abord, le cardio (marche, course, vélo elliptique, corde à sauter). Travailler le cœur est primordial, car cet organe est le moteur de notre santé. C'est lui qui fait tout tourner, donc il faut le chouchouter et l'entraîner à bien marcher. Puis j'alterne avec du renforcement musculaire pour que les bénéfices soient le plus complets possible. Je travaille aussi la souplesse. Le stretching est très important, il nous aide à moins vieillir. Si on est raide, ce n'est pas grave : petit à petit, ça vient. Il faut faire confiance à son corps, il a toujours la possibilité de progresser.

Dès que j'ai des courbatures, je suis contente. C'est « certifié bien bossé » !

Parfois, je ne suis pas chez moi, je n'ai pas l'infrastructure adéquate, ou j'ai la flemme d'aller en salle et de m'habiller... alors je trouve des parades. Je remplace ma séance de cardio par la montée de mes 16 étages. Je suis dans la cage d'escalier, bien droite, et je monte et je descends pendant trente-cinq minutes. Je peux vous assurer qu'après, je suis trempée ! Et je jubile de mes courbatures (ça, bien sûr, c'est uniquement si on n'a pas de souci aux genoux...). La palette idéale, pour moi, c'est le trio renforcement musculaire, cardio et stretching / étirements. Il faut alterner et faire par exemple un jour cardio, un jour renforcement musculaire, puis repasser au cardio pour le troisième jour. Cela permet de varier les groupes de muscles que l'on travaille.

VOYEZ PLUTÔT :

Jour 1 : **CARDIO**
Je cours entre quarante minutes à une heure.
Et je finis par des étirements.

Jour 2 : **RENFORCEMENT MUSCULAIRE**
Avant chaque séance de renforcement musculaire, je m'échauffe quinze à vingt minutes soit au vélo elliptique soit avec un petit footing. Ainsi, le corps est chaud, prêt à travailler.
Je choisis un groupe de muscles, par exemple, abdos+gainage (pour travailler les muscles profonds). J'en fais entre 400 et 500. Mais chacun à son rythme.
Et je finis par des étirements.

Jour 3 : **CARDIO**
En salle, je fais de la marche rapide avec une pente forte, entre 12 % et 15 % de déclivité.
Et je finis par des étirements.

Jour 4 : **RENFORCEMENT MUSCULAIRE**
Je m'échauffe.
Je travaille les bras et le dos (une heure en moyenne).
Et je finis par des étirements.

Jour 5 : **CARDIO**
Je choisis l'exercice que je n'ai pas fait les jours 1 et 3 (soit vélo, soit vélo elliptique, soit course).
Et je finis par des étirements.

Jour 6 : **RENFORCEMENT MUSCULAIRE**
Je m'échauffe.
Je travaille les muscles que je n'ai pas encore travaillés dans la semaine, cuisses et fessiers, par exemple.
Et je finis par des étirements.

Jour 7 : **REPOS**

Autre possibilité : Répartir les trois pratiques en une séance tous les jours, soit : trente minutes de cardio, vingt minutes de renforcement musculaire et dix minutes d'étirements, ou trente minutes de cardio, vingt minutes de renforcement musculaire, dix minutes d'étirements.

TEST *EXPRESS* !

ET VOUS, DE QUOI AVEZ-VOUS LE PLUS BESOIN ?

COCHEZ LES PHRASES QUI VOUS RESSEMBLENT, PUIS ADDITIONNEZ LE NOMBRE DE SYMBOLES. CELUI QUE VOUS AVEZ LE PLUS COCHÉ DÉTERMINE VOTRE PROFIL.

1 Ah, flûte, le bouchon de la bouteille d'eau (neuve) vient de rouler sous le buffet de la cuisine... Vous demandez à quelqu'un d'aller vous le ramasser, sinon, vous allez mourir du dos. ▲

2 Vite, au bout de la rue, là-bas, votre bus arrive ! « Attendez ! Youhou ! » Vous hurlez et cavalez en même temps à sa poursuite. ●

3 Votre amie Sophie vous propose une balade en forêt. Votre réaction : « Pourquoi pas, mais pas trop longtemps : j'ai du boulot. » ■

4 Le yoga, c'est pas une activité d'illuminés, ça ? ▲

5 Vous asseoir en tailleur autour de la table basse pour l'apéro ? Ça va pas, non ? Et vos genoux en charpie, alors ? ▲

6 Un tournoi de foot est organisé au bureau, et ouvert à tous dans un esprit festif et convivial. Vous serez débutante, mais qu'importe, ça vous tente ! ●

7 Le pire, quand on fait la queue, ce n'est pas d'attendre. C'est de rester debout. ■

8 La montagne ? Ça ne vous tente pas du tout. Vous, vous préférez les bains de soleil option farniente... ▲

9 Il y a grève de bus ! Puisque c'est comme ça, vous irez à pied. Mieux vaut arriver en retard que ne pas arriver du tout. ●

10 Vous prenez les escaliers, parfois. Mais là, vous êtes crevé. Vive les escalators. ■

11 La révolution du vélo, il n'y a que ça de vrai. D'ailleurs, vous utilisez le vôtre régulièrement pour vous déplacer. ●

12 Bien sûr que vous avez une paire de tennis ! Pas forcément le dernier modèle, mais bon, vous êtes équipé, quand même ! ■

VOUS AVEZ UN MAXIMUM DE ● : BRAVO, VOUS ÊTES PLUTÔT EN FORME !
Eh bien, à en croire cette petite série de questions, ça va plutôt bien pour vous, pas vrai ? Vous avez gardé une relation privilégiée avec votre corps, que vous entretenez, ou à tout le moins, auquel vous accordez une attention particulière et continue (même si des inégalités selon les périodes de la vie peuvent arriver, bien sûr !). Je n'aurai qu'un mot : continuez ainsi. À vous le vieillissement serein, et la joie de vivre le plus longtemps possible !

VOUS AVEZ UN MAXIMUM DE ■ : C'EST LE MOMENT DE VOUS REPRENDRE EN MAIN !
A priori, rien de gravissime, mais il semblerait tout de même que vous ayez quelque peu négligé votre corps, ces derniers temps... Je me trompe ? Trop de stress, trop de travail, les enfants qui vous accaparent, pas assez de temps, qu'importe, le résultat est là : une petite baisse de régime. Pas de panique néanmoins, vous n'êtes pas en piteux état. Mais rebooster un peu votre cœur et vos muscles vous fera le plus grand bien. Alors c'est parti pour la suite, et haut les cœurs : parce que bosser son corps est un investissement pour le futur !

VOUS AVEZ UN MAXIMUM DE ▲ : ALLEZ, DU COURAGE !
On ne va pas se mentir : je suis contente que vous ayez mon livre entre les mains ! Car d'après ce test, vous avez relégué votre corps aux oubliettes, et si vous continuez ainsi, il vous le fera cruellement ressentir (à moins que ça ne soit déjà le cas !). Conclusion ? Ne déprimez surtout pas, et signifiez-lui que vous avez reçu le message 5 sur 5. On a commencé par l'alimentation. Et maintenant, on passe au physique. La bonne nouvelle ? Votre endurance et votre souplesse ne peuvent que s'améliorer !

VOUS Y VOYEZ PLUS CLAIR ?
L'idée est de piocher dans les conseils que je vais vous donner, selon votre niveau, votre motivation, vos envies, et le temps que vous avez. Une personnalisation, c'est ce qu'il y a de mieux. Vous ne pouvez pas vous faire mal tant que vous respectez le déroulé, précis, OK ?
Commençons par le sport pas cher et efficace par excellence.

LA COURSE À PIED

Avant toute chose, c'est chacun son rythme. Une fois qu'on le trouve, on peut tout faire. L'astuce est de réussir à parler sans s'essouffler. Inutile de courir comme un guépard, on travaille le cœur, donc la longueur, l'endurance. Sauf pendant les fractionnés que je vous explique plus bas, mais même dans ce cas précis, on doit pouvoir revenir à un rythme normal. Le cœur travaille, il s'adapte, il progresse. Ne soyez pas impressionné par les joggeurs qui filent à fond de train au parc ou dans les bois. Vous ne connaissez ni leurs habitudes, ni leur métier. Peut-être courent-ils depuis des décennies. Peut-être n'ont-ils rien compris et s'abîment-ils genoux, lombaires et cœur. Laissez-les vous dépasser et mettez-vous au boulot, sans vous comparer. Pensez à vous tenir bien droit, épaules basses pour éviter les tensions inconfortables, à rentrer le ventre et, mesdames, surtout, surtout, à serrer les transverses. C'est très important. Si vous débutez, faites-vous un pense-bête ! Vous notez sur un papier : dos droit / épaules basses / ventre / transverses. Et puis vous regardez votre papier régulièrement et vous scannez les parties de votre corps. Ainsi, vous conscientisez votre pratique et au bout d'un moment, tout se fera de façon naturelle (quand je vous dis que votre corps est merveilleux !).

FOCUS

Les sports de choc

Si l'expression a de quoi faire peur, on est tout sauf dans une histoire d'horreur. Ce que l'on appelle « sports de choc » recouvre en fait les sports qui servent à prévenir l'ostéoporose. Ce sont des sports qui induisent un microchoc : la marche, la course, ou la montée des escaliers. Le vélo et la natation n'en font pas partie, par exemple. Le fonctionnement est le suivant : lorsque le pied se pose sur le sol, un microchoc se crée. L'os se déchire un tout petit peu (évidemment, c'est de l'ordre de l'infinitésimal), et il entreprend donc de se reconstruire. Mais fort de ce microtraumatisme, il travaille et se reconstruit donc... plus costaud. Résultat, quand on court, que l'on marche, on entretient la qualité de nos os (et donc, on prévient l'ostéoporose). Ce n'est pas motivant, ça ?

ANECDOTE

Comment courir !

En mettant un pied devant l'autre, me direz-vous ? Certes, je vous l'accorde, mais j'aimerais vous exposer une méthode que j'ai découverte récemment et que je trouve géniale. Car voilà, mon secret, c'est que je cours pieds nus. Oui : pieds nus. Bon, d'accord, pas vraiment : j'utilise des chaussures avec une semelle extrêmement fine, des chaussons où l'on peut glisser ses 5 orteils.

J'ai appris cette méthode car j'avais très mal au dos en courant classiquement. C'est au cours de l'une des émissions des « Pouvoirs du corps humain » qu'un spécialiste m'a conseillé de passer à cette course un peu particulière. Si votre méthode vous convient, inutile d'en changer, mais je vous en parle et vous pourrez essayer. Pour la course aussi, c'est chacun son rythme et sa technique, du moment qu'on écoute son corps.

Au début, ça fait un peu mal aux chevilles, mais ensuite, une fois qu'on a trouvé comment faire, c'est inégalable. Attention à ne pas pratiquer plus de 10 minutes d'affilée au début, le temps de maîtriser la technique sous peine de risquer la tendinite.

Bien sûr, c'est totalement contre-intuitif. Tout le monde explique bien que pour courir correctement, il faut enfiler des chaussures ultra-compensées, avec des semelles pleines d'air ou de gel de plusieurs centimètres d'épaisseur et censées préserver notre colonne vertébrale des chocs redoutables car répétitifs de la course. Oui, lorsqu'on court, les articulations travaillent beaucoup. Mais pour parler clairement, quand on pèse 70 kg, on prend 500 kg sur les genoux, les hanches, les lombaires. Ce n'est pas une semelle rembourrée qui va absorber la puissance de ce choc-là ! Donc les chaussures ne peuvent pas amortir autant.

Alors ? Eh bien j'ai appris la méthode préhistorique ! Neandertal était un chasseur redoutable. Il était aussi grand, costaud... donc lourd. Or sa technique de chasse était la suivante : il fatiguait sa proie... Il avait une endurance de malade mental. D'ailleurs, si nous transpirons, c'est pour nous aider à courir plus longtemps, ça régule notre température... La preuve que nous sommes des êtres d'endurance (enfin, je suis un peu l'exception qui confirme la règle...).

Dès lors, pourquoi ne pas courir comme à la préhistoire ? Je dis bingo ! La technique consiste à ne pas attaquer le sol par le talon comme nous avons l'habitude de le faire, mais de poser le pied par l'avant. Le talon doit à peine toucher le sol, il rebondit un peu mais ne se pose pas.

ZOOM

Le sport à jeun, c'est bien ?

Oui, c'est bien... à condition de ne pas faire de bêtise ! Personnellement, le matin, je bois mon citron, une tisane (mais normalement, vous savez déjà tout ça), et ensuite, je fais mon sport à jeun. Car dans ce cas, je n'ai pas de réserve de glucose, le corps puise dans la graisse qu'il a stockée. C'est donc une façon de perdre du poids sans souffrir inutilement. Mais ce n'est pas le seul argument : les sportifs s'entraînent souvent à jeun pour aller plus loin dans leur pratique. Car un organisme à jeun est en difficulté, il traverse une crise (un gros effort à faire et pas de réserves immédiates sous la main) et va devoir la gérer. Ainsi, le corps se dépasse. Ensuite, en compétition, il est habitué à pousser son effort. De mon point de vue c'est donc une contrainte bénéfique. Cependant, on ne pratique pas à jeun n'importe comment. Il faut déjà être entraîné. Donc si vous vous remettez au sport, passez votre tour pour l'instant. Il s'agit de ne pas vous évanouir pour cause d'hypoglycémie. Tout dépend aussi de votre forme globale. Lorsqu'on est fatigué, courir à jeun n'est pas conseillé. Mon credo si cette option vous motive : demandez l'avis de votre médecin. Il pourra estimer votre état général et vous donner le feu vert.

LES FRACTIONNÉS, ANTIROUTINE !

Il faut savoir aussi que, de temps en temps, il est conseillé de rompre la routine. Sinon ? Le corps s'habitue, il se verrouille et ne progresse plus. C'est pourquoi je modifie mon programme de cardio, je surprends mon corps, je le cueille. Mis en danger, hors de sa confortable routine (enfin, confortable, façon de parler...), il devra fournir un effort supplémentaire et se surpassera. Donc soit j'allonge ma course et je tiens une heure. Soit c'est ici qu'interviennent les fractionnés.

CONCRÈTEMENT, COMMENT ÇA MARCHE ?

Sur mes soixante minutes de course, je cours à mon rythme normal environ vingt minutes pour bien m'échauffer, puis, pendant trente secondes, je cours à allure élevée. Je cours ensuite trente secondes trèèèèèès tranquillement en footing long pour reprendre mon souffle. Et je fais ça douze fois. Bien sûr, ça, ce sont mes temps. Pour les débutants, je vous conseille deux séries de huit entrecoupées d'une minute de récupération en footing long ou en marche rapide. On travaillera sur une durée et une intensité plus conséquentes pour augmenter ses capacités physiologiques (cardiaques, musculaires) et son endurance. À pratiquer une fois par semaine ou au moins une fois tous les dix jours.

Et attention, il faut d'abord avoir couru un peu et atteindre au moins trente minutes de course régulière avant de se lancer. Le cœur travaille beaucoup lors des fractionnés, donc il doit être prêt. Ne commencez surtout pas par ce genre d'exercices.

COACHING SUR MESURE

LE PROGRAMME DÉTAILLÉ, C'EST PARTI !

Tout commence au petit matin. Dans son lit, on s'étire comme un chat, ce que je ne manque pas de faire. Je signifie ainsi à mon corps qu'il est temps de sortir du sommeil. Si vous avez le temps, je vous conseille vraiment d'opter pour ce réveil en douceur plutôt que de vous jeter hors du lit. Il faut savourer ce réveil, dans la conscience de notre corps, qui nous emmène partout, qui nous est fidèle.

Puis, j'utilise les transverses (la ceinture abdominale) pour me lever. Il faut les verrouiller avant de se lever et de basculer. Pour cela, on rentre le nombril, comme si on voulait qu'il touche la colonne vertébrale de l'intérieur. Un peu comme si on essayait de rentrer dans une robe ou un costume d'une taille trop petite (pour avoir pratiqué cette expérience plus d'une fois, je vous garantis qu'il n'y a pas d'image plus juste !). C'est une façon très spécifique de se lever du lit, mais elle a cet énorme avantage de conscientiser ces transverses, qui soutiennent en grande partie notre corps. Elle vous évitera aussi de vous faire un lumbago ! Astuce très importante, pensez le plus souvent possible à contracter vos transverses quand vous vous déplacez. Vous contribuez ainsi à les muscler et à avoir une bonne posture.

Or se rendre compte que le muscle existe, c'est déjà lui permettre d'être tonique.

Avant tout exercice physique, il faut s'échauffer un peu. Inutile d'y passer une heure, l'objectif de cette microsession réside dans le mot même : on doit chauffer notre corps, le préparer à l'effort, faire circuler le sang et irriguer les organes. Ainsi, on le fait revivre, on le déverrouille et on lui dit qu'il doit se réactiver.

On débute donc avec un échauffement simple et basique : un peu de cardio, courir doucement, par exemple, ou faire dix minutes de vélo, surtout si on fait de la musculation. Il peut aussi s'agir de sauter sur place avec une corde, de faire quelques squats pour mettre la machine en route, ou de monter des escaliers.

UN RÉVEIL TOUT EN DOUCEUR EN 8 ÉTAPES

Dix petites minutes suffisent à effectuer cet échauffement minimaliste. Autant dire rien, n'est-ce pas ? Pourtant, je vous en supplie, ne négligez pas cette étape, et si vous ne devez faire qu'une chose, eh bien commencez par là. Cela permet une reconnexion au corps, c'est le passage obligé vers plus de familiarité avec lui, et donc, au final, plus de bienveillance.

1 Debout, bien droit, le menton très légèrement rentré vers le sternum pour étirer la colonne au maximum (mais pas trop pour ne pas plier la nuque). On écarte les jambes de la largeur du bassin, pieds parallèles, on écarte les bras, tendus à la verticale. On s'étire, on s'étire, et on prend bien soin d'étendre la colonne pour se sentir grandir, pour mettre de l'air entre les vertèbres (c'est une image, évidemment !). On imagine qu'on est un petit bonhomme élastique et que notre corps grandit.

2 Puis, bras toujours tendus, on se penche lentement en avant, le dos bien droit, jusqu'à l'horizontale si l'on peut. On contracte les transverses. Il ne doit y avoir aucune douleur, notamment dans les lombaires. Si ça tire, on y va doucement et on respire profondément. On est là pour progresser. Si on réussit tout, tout de suite, à quoi bon, pas vrai ? Donc on descend jusqu'où on peut.

Jambes fléchies, on prend appui avec ses mains sur les cuisses les pieds vers l'extérieur et on descend le buste à l'équerre. Puis, les deux pieds bien à plat au sol, on effectue, toujours lentement, des tractions de droite à gauche. Lors de ce mouvement, un genou se plie et l'autre jambe est tendue, puis on remonte doucement et on recommence de l'autre côté. On est comme un petit perroquet tout mignon qui se dandine sur ses petites pattes. On pense à garder le dos droit, à évacuer les tensions dans les épaules et la nuque. Ainsi, on étire gentiment nos cuisses, on réveille notre fessier. On peut réitérer avec les pieds légèrement ouverts vers l'extérieur. Vous sentez ? Les sensations sont différentes, les petits muscles s'activent, heureux d'être sollicités pour attaquer une bonne journée. On n'oublie pas de garder les mains sur les cuisses quand on descend le buste, afin de ne pas se faire mal.

3 Debout, bien droit, les pieds écartés de la largeur du bassin (donc pas trop), les genoux très légèrement pliés, on effectue des 8 avec le bassin. Les

mouvements doivent être légers, attention, il ne s'agit pas de se déhancher comme s'il était 3 heures du matin et qu'on mettait le feu à la piste en boîte de nuit. Non, nous, on veut dérouiller ce bassin trop souvent négligé. Et on ne force pas. Si le 8 a plutôt une tête de 0, tant pis, ça va venir. Il faut être bienveillant avec notre corps. On n'en a qu'un, alors on le ménage !

L'intérêt, c'est la mobilité de ce bassin : lorsqu'il est souple, on coince moins les nerfs (notamment au niveau des lombaires, siège de la terrible lombalgie).

4 Debout, bien droit, on monte le pied gauche derrière, on l'attrape avec la main gauche et on tire sur sa cuisse. Si on n'a pas un bon équilibre, on ne prend pas de risque : on s'appuie sur le dossier d'une chaise ou une table. On recommence de l'autre côté en pensant à notre colonne vertébrale, qui doit rester bien étirée, et à nos épaules, qui doivent rester basses pour ne pas créer de tensions inutiles dans le haut du dos.

5 Debout, bien droit, on lève le bras droit, la main droite, on la fait passer dans le dos, on remonte la main gauche par en dessous, on essaie de s'attraper les doigts et de les crocheter. Puis on reste quelques secondes en respirant profondément et en détendant au maximum les épaules. On dénoue les mains très doucement et on recommence de l'autre côté. Si vous n'y arrivez pas, vous pouvez utiliser un petit subterfuge : un foulard, par exemple, qui fasse la jonction entre vos deux mains pour détendre au mieux. Ne forcez jamais.

6 Debout, bien droit, les pieds écartés de la largeur des hanches, on tourne les épaules vers la droite, vers la gauche, pour effectuer une très légère torsion. TRÈS LÉGÈRE, j'ai dit. Puis on fait rouler les épaules d'avant en arrière, puis d'arrière en avant. Mesdames, les épaules sont capitales pour avoir un joli port de poitrine ! Eh oui ! Si vous êtes avachie, les seins tombent. Quand on se tient droite, ils pointent fièrement.

7 Debout, pour détendre les muscles du cou, on effectue des mouvements de la tête : vers la gauche, vers la droite, en bas, en haut, on termine par des mouvements circulaires.

8 Enfin on se met droit, bien ancré dans le sol, et on s'offre un dernier étirement, bras en l'air, sur la pointe des pieds, en se grandissant au maximum. Miracle : on sent qu'on est vivant !

LES JOURNÉES PAR GROUPES DE MUSCLES

L'intérêt de ces exercices ?
Aucun matériel n'est nécessaire.
Vous pouvez les pratiquer partout :
à l'hôtel, en vacances, dans votre salon,
au camping !

JOUR 1

OPÉRATION BELLES JAMBES BELLES FESSES

1. LES SQUATS, OU LA CHAISE INVISIBLE

Pieds / hanches / épaules sont alignés.

La bonne position : pieds à plat (pas sur la pointe), dos plat (attention, pas arrondi), bras tendus en avant, épaules basses, tête droite (pas rentrée à l'intérieur des épaules).

Légèrement penché en avant, le dos bien droit, vous vous asseyez sur une chaise imaginaire, vous tenez quelques secondes en respirant bien, puis vous remontez lentement. Le dos doit toujours rester droit.

Il est possible d'y effectuer des squats de façons différentes, qui toutes ont leurs avantages : alterner plusieurs squats rapides, puis rester en bas, ou monter et descendre ultra lentement. Le mieux est de les panacher selon votre état et vos envies.

Commencez à votre rythme : si vous êtes débutant, faites-en trois (mais trois beaux !), et tenez le dernier pendant trois secondes.
Progressivement, vous augmenterez le rythme.
Le bon point des squats ? Le résultat se voit très vite.
Objectif : en faire 12, lentement, c'est plus difficile. Puis visez 5 cycles, soient 5 x 12. On laisse un peu de temps entre chaque cycle pour récupérer, bien sûr !

Au début, honnêtement, on a les cuisses en feu, le souffle court, donc pas la peine de forcer, d'autant qu'il y a d'autres exercices après !

2. LES SQUATS *BIS*

Même principe que précédemment, mais écartez les pieds et ouvrez-les, orteils vers l'extérieur.

Les fesses et les genoux doivent former une ligne.

Objectif = 5 x 12.

3. LE BALLON REBONDISSANT

Reprenez la position du squat classique (paragraphe 1).

Bras tendus en avant, effectuez de petits sauts, tout en souplesse, sans aller trop haut pour ménager le dos et les genoux, et en levant les bras à chaque fois pour accompagner le mouvement.

Le truc : il faut à peine décoller.

Si on ne saute pas trop haut, on ne peut pas se faire mal, mais on fait travailler tous les muscles et les articulations des jambes, des pieds, les chevilles, les genoux, les épaules. C'est un strike ! Enchaînez 15 sauts.

Reposez-vous une minute, et recommencez.

Objectif : 15 sauts, en 3 cycles, soit 15 x 3.

4. MOLLETS AU TOP

Prenez appui sur une petite marche ou un livre à la couverture rigide.

Hissez-vous dessus avec la pointe du pied – si besoin, prenez appui sur une table ou un mur, montez et descendez.

Objectif : 20 sur chaque pied, trois fois, ce qui fait 3 x 40.

Je le rappelle : je vous donne les objectifs, mais vous n'êtes certainement pas obligé de les atteindre directement, la moitié non plus, d'ailleurs !

Chacun son rythme.

De plus, sachez que l'on a très peu l'habitude de solliciter les mollets (sauf les cyclistes !), donc si ça tire trop pendant l'exercice ou que les courbatures sont intenses, arrêtez.

Votre corps a besoin de trouver de nouveaux repères, de s'aguerrir à son rythme.

MANIFESTE POUR DES BRAS GALBÉS ET UN DOS DROIT

Ici, nous allons travailler le couple infernal biceps-triceps (mais si, vous savez, ces muscles qui s'affaissent sur l'arrière du bras et qui tremblotent dès que l'on bouge, nous les femmes !).

1. LES POMPES EN DOUCEUR

Rien de telles que de bonnes vieilles pompes pour faire travailler tout le haut du corps. Mais attention, que les choses soient claires : je ne fais pas des pompes de mec ! Je ne suis pas assez musclée des épaules, bras et pectoraux. Donc, personnellement, je les fais sur les genoux. Sinon, je ne décolle pas du sol.

Quand je vous dis qu'il faut être bienveillant !

Veillez bien à serrer le transverse, surtout : il faut que vous ayez l'impression d'aspirer votre nombril vers l'intérieur, que vous l'ameniez vers la colonne vertébrale.

Objectif : 10... mais 5 fois ! Donc 5 x 10.

2. LES POMPES INVERSÉES

Pour cela, il faut avoir une chaise sous la main.

Appuyez-vous sur le rebord de la chaise avec les mains, bras tendus le long du corps, légèrement en retrait du dos, et asseyez-vous dans le vide.

Les jambes doivent être molles et vous porter le moins possible. Tout doit reposer sur les bras pour qu'ils travaillent au maximum.

Ensuite... Baissez-vous... et remontez !

Et courage !

Objectif : 10 fois, puis un temps de repos, et 5 cycles, soit 10 x 5.

3. LE BALAI

Placez deux chaises l'une à côté de l'autre, et calez un balai entre les deux, vous pouvez même le scotcher pour plus de sûreté.

Allongez-vous sous les deux chaises, le balai au-dessus de vous au niveau de la poitrine, parallèle à vos épaules.

Empoignez la barre juste au-dessus, serrez le périnée et les transverses, rentrez le ventre, et soulevez-vous lentement.

Redescendez. Recommencez.

Objectif, ici aussi : 5 x 10. Courage !

4. LES POMPES DE MUR

Debout, bien droite, face à un mur, pieds serrés à une trentaine de centimètres du mur.

Appuyez-vous sur ce mur, les mains écartées comme si vous alliez faire des pompes, et descendez poser le bout de votre nez sur le mur en restant très droit, puis tendez les bras pour remonter. Effectuez le mouvement très lentement.

Vous verrez : au début, on trouve ça rigolo, oui, oui... mais au bout de la trentième fois, on rit beaucoup moins !

Objectif : 5 x 10.

JOUR 2

VENTRE PLAT ET ABDOS EN BÉTON (MAIS SI, ON Y CROIT)

Avant de commencer, j'aimerais aborder quelques généralités.
Pour que les abdos soient efficaces et ne fassent pas mal, il faut respecter des règles d'or, des règles absolues.

1

Soutenir ta tête pour ne pas te faire mal à la nuque, tu devras.
Oui, rassurez-vous, on travaille quand même ! Ce n'est pas de la triche !

2

De rentrer les abdos, tu n'oublieras jamais.
Et sous aucun prétexte ! Il faut vraiment avoir la sensation qu'on les aspire vers l'intérieur. Si vous voyez vos abdos ressortir et former un petit tunnel, vous arrêtez l'exercice, vous respirez profondément, et vous recommencez en serrant d'abord le périnée, puis les transverses.

3

De temps en temps, un œil sur ton ventre tu garderas
Cette position permet d'étirer la nuque et de surveiller le ventre... car :

4

Jamais tu ne te cambreras, et systématiquement, ta colonne, tu allongeras.
On protège le dos, bien sûr.

5

À respirer à chaque mouvement tu penseras.
Car s'oxygéner empêche d'être crispé
(et dès lors, permet d'éviter l'écueil des douleurs intempestives).

Avant de commencer chaque exercice, voire chaque série, n'oubliez pas de vérifier si tout est OK, comme lorsqu'un avion décolle.

- Tête soutenue ? OK !
- Regard sur les abdos ? OK !
- Abdos aspirés ? OK !
- Pas de cambrure ? OK !
- Colonne étirée ? OK !

GO, GO, GO !

1. LES DROITS

Allongé sur le sol, genoux pliés, pieds à plat sur le sol.

Étalez bien votre colonne, placez les mains derrière la tête, et soulevez le haut du corps. Ne forcez pas : il est inutile de se soulever complètement, seul le haut du corps bouge.

Pratiquez 3 séries de 40.

2. LES CÔTÉS

Toujours dans la même position,

Soulevez légèrement la tête, maintenue avec une main, coude ouvert, puis tendez l'autre bras à quelques centimètres du sol, et effectuez des allers-retours sur le côté en revenant à chaque fois au centre. Pratiquez 40 cycles. Recommencez.

Et changez de côté. Ce qui fera en tout : 40 x 2 x 2.

N'oubliez pas de respirer !

3. LES CROISÉS

Ici, ce sont d'autres abdos qui travaillent.

Gardez le genou droit replié, pied à plat au sol, et croisez la jambe gauche au-dessus, de telle sorte que la cheville gauche repose sur le genou droit.
Maintenez l'arrière de la tête avec vos mains croisées, venez poser le coude droit sur la jambe gauche.

Évidemment, c'est l'objectif ! Vous n'êtes pas obligé d'y arriver tout de suite, ce qu'il faut, c'est s'en approcher autant que vous le pouvez, sans forcer, ni vous faire mal.

Veillez également à ne pas donner d'à-coups, mais à vous élever en douceur, pour ne pas traumatiser le dos.

Pratiquez 3 cycles de 30, de chaque côté. Ce qui fera 3x40x2.

N'oubliez pas de respirer !

4. LE PÉDALAGE

Pour cet exercice, il vous faut choisir la meilleure posture en fonction de votre dos.

Si vous avez le moindre souci de lombaires, glissez vos deux mains à plat en dessous pour surélever le bas de la colonne et ne pas forcer sur les lombaires, qui sont nos amis.

Vous pouvez lever la tête pour mieux travailler, mais au début, si c'est douloureux ou que la posture crée des tensions dans la nuque, laissez-la au sol pour allonger la nuque au maximum.

Ensuite, effectuez de grands mouvements de pédalage, comme si vous étiez allongé sur un vélo imaginaire, sans trop soulever les jambes, qui doivent rester le plus près possible du sol.

Visez 2 séries de 40.

5. ABDOS BALÈZES

Cette série concerne uniquement ceux qui ont déjà bien avancé (donc un futur proche pour ceux qui s'y remettent, n'est-ce pas ?).

Si vous êtes au tout début du travail, vous pouvez bien sûr essayer, mais surtout, n'insistez pas. Je vous veux motivé, pas anéanti parce que c'est trop difficile !

Tendez les jambes à la verticale, croisez-les pour bien les maintenir tendues, glissez les mains derrière la tête, que vous pouvez soulever un tout petit peu pour encore mieux travailler.

Puis donnez de petits à-coups (doux les à-coups, hein, on n'y va pas comme une brute) en soulevant le bassin d'environ 10 cm maximum comme si vous vouliez soulever les jambes de quelques centimètres. Une série de 40, c'est largement suffisant !

Oui, je sais, je me répète, mais N'OUBLIEZ PAS DE RESPIRER !

6. LE COMBO DOS + ABDOS

Ce que l'on appelle le « faux cobra » en yoga.

Sur le ventre, à plat, tendez les bras devant vous, ancrez bien votre pubis dans le sol pour éviter de crisper vos lombaires, inspirez, et soulevez un peu les jambes et les bras.

Effectuez le mouvement lentement, étirez-vous bien, visualisez-vous comme un élastique tendu, et surtout, serrez bien le ventre !

Petit rappel : il est essentiel de muscler votre dos pour vous protéger des hernies.

Pratiquez 3 séries de 40.

7. LA PLANCHE

On en arrive au mythique gainage des muscles profonds – ceux qui ne sont pas visibles comme les jolies tablettes de chocolat, mais autrement plus importants –, ultra efficace mais vraiment pas facile.

Le but ultime est de rester une minute en position à chaque fois, en respirant bien.

Si vous arrivez à tenir vingt secondes au début, je vous félicite !

Commencez par une planche latérale : allongée sur le sol, soulevez-vous sur l'avant-bras, qui reste bien ancré dans le sol. L'autre est tendu le long du corps.

Restez ainsi le plus droit possible, comme si vous étiez un bâton, et respirez amplement, profondément.

Ça va commencer à trembloter de partout, mais ce n'est pas grave, c'est juste le signe que le corps lutte et travaille. Encouragez-le en respirant bien.

Quand ça devient trop difficile, reposez tranquillement le bras, puis réitérez de l'autre côté.

Si vous avez le courage, vous pouvez faire la planche fixe : vous vous allongez sur le sol, les mains de chaque côté de la poitrine, vous contractez bien les transverses, vous aspirez le ventre, puis vous poussez sur les mains jusqu'à avoir les bras tendus et vous restez ainsi en respirant, une fois de plus, profondément.

BONUS

Le bonus ballon suisse !

Si vous êtes l'heureux détenteur d'un ballon suisse, cet outil exceptionnel aux mille vertus, voici quelques bonus ou alternatives. L'avantage ? On travaille en douceur, le ballon étant là pour absorber les chocs éventuels.

1. LE BALANCIER

Asseyez-vous sur le ballon, les pieds à plat au sol,
tenez-vous bien droit, placez les mains derrière la tête, coudes ouverts,
et basculez lentement le torse en arrière avant de remonter.
Cet exercice ressemble au premier abdo classique.

2. L'ÉQUILIBRE

Celui-ci, je l'adore.
Asseyez-vous bien droit sur le ballon, les pieds à plat au sol, les cuisses et les genoux formant un angle droit.
Munissez d'une bouteille d'eau, que vous tiendrez dans une main,
puis levez le bras le plus haut possible (si vous ne parvenez pas à tendre le bras, ce n'est pas grave ; ça viendra ou pas, l'essentiel est de travailler, à votre niveau).
Serrez bien les transverses et soulevez une jambe (20 ou 30 cm selon vos possibilités).
Ça provoque un déséquilibre et les muscles effectuent alors un travail profond et rare.
Ensuite, la jambe toujours levée, passez la bouteille d'une main à l'autre.
Reposez la jambe et recommencez avec l'autre jambe soulevée.

3. LE ROCHER

Pour les plus forts, et vraiment si vous êtes à un niveau avancé, il est possible de tenter l'exercice suivant :
Veillez d'abord à écarter tables et meubles alentour (je n'ai pas envie d'avoir des bosses sur la conscience),
puis posez un genou sur le ballon... et essayez de mettre le second genou.
Trouver son équilibre sur le ballon est extrêmement difficile, mais aussi extrêmement bienfaisant : dans cette position, on fait travailler les muscles très en profondeur.

ZOOM

Et l'équilibre, dans tout ça ?

C'est un fait, dans notre société, on ne travaille pas assez notre équilibre. Regardez toutes ces magnifiques femmes en Afrique, capables de marcher la tête haute avec des poids incroyables sur le haut du crâne ! Leur démarche est altière, sublime. Nous devrions en prendre de la graine. Car l'équilibre est au cœur de notre vie : lorsque nous marchons, nous nous déséquilibrons pour poser le pied, nous sommes donc toujours en équilibre, un équilibre que nous maîtrisons depuis notre petite enfance.

C'est lui qui détermine notre posture tout entière, notre façon de nous déplacer, et donc d'observer le monde, de regarder les gens, ce que nous dégageons. Avancer dans la vie courbé en deux ou recroquevillé comme une petite souris, ou avancer bien droit, la tête relevée, ne laisse pas entrevoir la même personne, n'est-ce pas ?

Pour travailler son équilibre et son maintien, rien de tel que ce petit exercice. Il n'a l'air de rien mais je vous garantis qu'il est super efficace.

– Plantez-vous les deux pieds, ouverts de la largeur des hanches, dans le sol. Allongez bien votre colonne, épaules ouvertes (mais pas en arrière, il ne faut pas se cambrer... si vous avez le moindre doute, faites l'exercice devant un miroir).

– Soulevez un tout petit peu le pied... et fermez les yeux.

Comptez et tenez le plus longtemps possible.

La fois suivante, essayez d'ajouter une ou deux secondes au résultat précédent.

Recommencez avec l'autre jambe.

TRAVAILLER SA SOUPLESSE, LES ÉTIREMENTS

C'est le moment que je préfère, mon péché mignon. Je fais une séance aussi souvent que mon emploi du temps me le permet, si possible après chaque renforcement musculaire et chaque cardio.

D'abord parce que c'est bon pour la santé ! Le stretching (lorsqu'il est associé à du cardio et du renforcement) aide à éliminer, à affiner la silhouette et surtout à travailler sa souplesse. Surtout, il influence la posture globale et la façon d'être au monde. Quand on fait du stretching, on se redresse, on prend conscience de sa colonne vertébrale, de sa verticalité, et petit à petit, le cerveau intègre ces contraintes, les assimile. On marche plus droit, on est plus souple, notre façon de regarder les gens, de nous déplacer s'améliore, elle est plus fluide. Plus on étire le corps, plus les douleurs de crispation ou de « rouille » (dans le dos, les articulations) s'estompent voire disparaissent, et le tonus musculaire revient en douceur, sans traumatisme. Enfin, on renoue avec la concentration, car chaque posture nécessite de respirer profondément, de penser notre corps, de l'imaginer et de vérifier que l'on a adopté la position optimale. Dès lors, on ne laisse aucune vilaine pensée nous envahir, on est dans l'instant présent. Et ça, c'est excellent pour le moral !

J'adore parce que ça fait du bien. Tout simplement ! Je me sens vivante, j'ai conscience de mon corps, du fait qu'il s'allonge, de tous les petits muscles qui le constituent, et c'est une sensation exquise.

LE B.A.-BA DES BONS ÉTIREMENTS :

Essayez (encore une fois, vous n'êtes pas obligé de réussir du premier coup, ce qui compte, c'est les progrès que vous effectuez, à votre vitesse) de rester trente secondes dans chaque position, et surtout NE FORCEZ PAS. Je ne veux pas que vous vous fassiez mal et que vous balanciez mon livre à la poubelle ! Rappelez-vous que le stretching (comme tout ce dont nous avons parlé plus haut) n'est pas une affaire de performance mais de bien-être. L'idée, c'est vraiment de retrouver sa place dans son corps, de savoir prendre ses marques, de bouger et s'étirer pour que le sang circule, de se dérouiller et se donner toutes les chances de vivre mieux, plus longtemps. Poser sa tête sur son genou ou 20 cm au-dessus n'a aucune importance ! De toute façon, si vous êtes régulier, vous progresserez.

Ensuite, il est indispensable de bien respirer. Parfois, quand on se concentre, qu'on fait quelque chose de nouveau ou que c'est un peu compliqué, on oublie de respirer : on est en apnée ou on respire par petits à-coups timides. Mais le stretching sert à oxygéner le corps, donc c'est le moment de prendre de grandes goulées d'air ! En se concentrant sur la respiration, on évacue mieux les tensions et on arrive à aider le corps à aller plus loin, à approfondir les positions.

Enfin, tout se fait lentement. Très lentement, même. Ne brusquez pas les mouvements, pensez toujours à ce lien précieux entre votre tête et votre corps. Ne les dissociez pas. Il peut être agréable de s'évader lorsque l'on fait du sport, mais pas pendant les étirements ! En effet, il faut être attentif à ce que l'on fait et avoir conscience de son mouvement si on ne veut pas risquer de se faire mal ou de se blesser. Prenez votre temps. Le stretching, même si ça tire un peu, est une parenthèse agréable durant laquelle vous vous connectez à votre corps trop souvent malmené (et hop, vite, les courses, et hop, vite, faire à manger, et hop, vite, foncer à une réunion de boulot hyper stressante, et hop, vite, répondre à ce courrier qui attend depuis deux semaines, et... Stop). C'est entre vous et vous. Profitez-en et faites durer le plaisir.

Ready ?

Voici la série que je pratique chez moi !

LE NÉNUPHAR

Asseyez-vous par terre, sur un tapis de yoga, les jambes tendues devant vous.

Essayez au maximum d'avoir le dos droit. Autrement dit, il faut être bien ancré sur ses ischions (les deux petits os que l'on sent sous les fesses lorsqu'on s'assoit), pour ne pas se voûter ni se cambrer.

Au départ, si vous en avez la possibilité, il peut être intéressant de vous placer devant un miroir pour contrôler votre position, et ainsi ne pas vous faire mal.

Une jambe reste bien tendue au sol.

Posez le pied de la jambe opposée sur l'intérieur de la cuisse tendue.

Puis, penchez-vous en avant, le dos droit.

Amenez le nombril vers l'avant. C'est le meilleur moyen de descendre dos bien plat, et d'éviter ainsi que les épaules impulsent le mouvement, ce qui induirait de vous voûter. Les épaules doivent suivre. MAIS vous devez penser à rentrer ce nombril !

Le nombril est aspiré à l'intérieur, mais c'est lui qui dirige votre descente.

Le but : que le nombril touche la cuisse (évidemment, à part pour les sportifs de haut niveau, ça ne va pas arriver !).

Respirez environ 6 fois.
Puis recommencez.
Deux fois de chaque côté.

LE NÉNUPHAR *BIS* !

Restez dans cette position.

Le dos toujours bien droit, effectuez un lent mouvement circulaire pour chercher l'ouverture du côté de la jambe repliée.

C'est un mouvement qu'effectuent les danseurs de ballet.

Évidemment, si ça tire trop, vous arrêtez tout de suite !

Gardez bien à l'esprit ce nombril qui emporte notre buste vers l'avant et l'empêche de s'affaisser sur lui-même.

La colonne doit rester bien tendue, comme si elle était faite d'élastique tirant vers le haut.

Le menton est légèrement baissé pour allonger cette colonne.

Et... respirez !

LE PAPILLON

Vous êtes toujours assis sur vos ischions, bien droit.

Pliez les jambes devant vous et collez autant que faire se peut les plantes de pied l'une contre l'autre.

Imaginez que vous êtes un pantin de bois et qu'une petite ficelle invisible vous tire le haut de la tête et entraîne toute votre colonne vertébrale.

Respirez bien et restez dans cette position le plus longtemps possible.

Si ça tire trop, éloignez les pieds du bassin. Ça va venir !

LE CANETON

Un des secrets du stretching réussi, celui qui fait du bien et déverrouille vraiment, réside dans les contre-postures. Les trois exercices précédents ont ouvert les os iliaques (ceux du bassin), il s'agit donc maintenant de les travailler en fermeture.

Assis, les mains posées derrière le dos, sans tension, vous êtes décontracté.

Repliez les genoux, pieds au sol, jambes légèrement écartées, et doucement, amenez un des genoux vers l'intérieur, comme si vous vouliez le poser sur le sol.

Le mouvement s'effectue très lentement, en respirant bien.

Remontez, toujours lentement, et changez de jambe.

Il s'agit d'une torsion qui fait travailler les hanches, le bassin, le bas du dos, donc surtout, ne forcez pas si ça tire. Hors de question que les sciatiques et autres problèmes s'aggravent. Faites confiance à votre pratique régulière pour améliorer et diminuer les blocages éventuels.

LE ROSEAU

À genoux, asseyez-vous doucement sur une fesse.

Vous êtes en équilibre.

Levez le bras du côté de la fesse bien ancrée dans le sol, puis étirez-le vers le haut comme si vous vouliez toucher le ciel.

Ensuite penchez-vous sur le côté pour que votre corps forme un C.

Si vous le pouvez, posez votre coude opposé par terre.

Cet exercice permet de libérer les tensions lombaires.

Il faut bien serrer le ventre, bien sûr.

L'ÉQUERRE

Asseyez-vous, le dos bien droit, les jambes écartées et tendues en V.

Penchez-vous lentement vers l'avant, toujours en pensant bien à votre nombril, qui est comme un phare et doit venir éclairer le sol. La descente commence par le bassin : il effectue une rotation et entraîne le haut du corps. Le mouvement ne débute pas par les épaules !

Respirez bien, pensez aux zones douloureuses, respirez à cet endroit.

Inutile de rester longtemps, redressez-vous lentement.

L'ARAIGNÉE

Restez dans la position précédente.

Nous allons travailler la souplesse de la colonne.

Levez le bras tendu au-dessus de votre tête, et penchez-vous sur le côté, vers la jambe opposée.

Vous devez bien sentir votre flanc qui s'étire.

Respirez profondément, et remontez en serrant les transverses.

Faites de même du côté opposé.

LE FRENCH CANCAN

Allongez-vous sur le dos.

Prêtez une attention particulière à votre placement : basculez le bassin vers l'avant pour allonger la colonne, et baissez à peine le menton pour allonger la nuque. Ainsi, la colonne est étirée. Imaginez toutes vos vertèbres qui se décollent les unes des autres, gagnent de la place, vous devez vous sentir le plus long possible, comme si vous étiez un tapis déroulé par terre.

Une jambe tendue s'ancre fermement dans le sol, l'autre se replie.

Attrapez-la, et entraînez doucement votre genou vers votre poitrine.

Dépliez lentement et changez de côté.

Puis recommencez, mais cette fois la jambe qui se soulève est, elle aussi, tendue.

Bien sûr, si elle n'est pas droite comme un bâton, ce n'est pas grave ! Vous la pliez.

L'important, c'est de sentir les muscles qui s'étirent derrière la cuisse.

Faites la même chose de l'autre côté en respirant toujours profondément.

L'ESCALIER

Allongé sur le dos, colonne longue, placez vos bras tendus en croix.

Remontez les genoux sur la poitrine, et basculez-les très lentement sur le côté.

Tout va bien ? Tournez la tête du côté opposé.

Relâchez tout, respirez bien, essayez de visualiser votre colonne qui s'allonge dans sa torsion, les petites vertèbres qui gagnent de l'espace entre elles.

Pour remonter, prenez appui sur vos bras, sans vous presser.

Puis faites la même chose de l'autre côté.

L'ÉLASTIQUE

C'est LE grand étirement.

Allongé sur le dos, on se grandit, bras tendus très loin au-dessus de la tête, pieds flex, puis pieds tendus pour faire marcher tous les muscles des mollets.

Relâchez, bras en l'air ou le long du corps, comme vous préférez.

Fermez les yeux et accordez quelques instants à votre corps pour bien vous détendre. Profitez de ce moment où il peut se sentir lourd et s'enfoncer dans le sol pour évacuer les dernières tensions.

Quand vous vous relevez, basculez doucement sur le côté et prenez appui avec la paume de la main pour ne pas vous faire mal.

Et voilà !

ANECDOTE

Marchez-vous assez ?

Dans les téléphones un peu modernes, il y a souvent, caché quelque part, un podomètre. Quand j'ai découvert cette fonctionnalité, j'ai adopté la podomètre attitude. Pourquoi ? Parce qu'on ne s'en rend pas compte, mais bien souvent, on ne marche pas assez. Voyez plutôt : j'étais persuadée que j'étais une bonne marcheuse, j'ai donc lancé mon podomètre, et après une journée type, j'ai vérifié... Je n'avais fait que 2 000 à 3 000 pas ! Or les recommandations sont claires : on doit faire environ **10 000 PAS PAR JOUR** d'après les recommandations de l'Organisation Mondiales pour la Santé (OMS). Nous sommes en effet des êtres faits pour marcher. Mais si vous parvenez à 5 000 ou 6 000 pas, c'est déjà très bien ! Sans une pratique minimale, on s'encrasse, on tombe malade.

Un podomètre, une montre connectée ou une application pour les plus « geeks » permet de faire le point et de savoir où l'on en est.

Désormais, si j'arrive en fin d'après-midi et que je constate que je n'ai pas assez marché, je prends mon courage à deux mains et selon l'endroit où je suis, je prends l'escalier au lieu de l'ascenseur, je vais faire une balade, bref, je me force à atteindre ou à approcher mon quota ! Promis, c'est ultra motivant.

ZOOM

Le yoga, oui, mais pas n'importe comment

Je ne vais pas vous mentir : j'ai tendance à préférer le Pilates, plus approfondi et plus safe, d'après moi. Mais j'aime aussi beaucoup le yoga, qui fait tant parler de lui : la preuve, toutes les stars américaines ne jurent que par lui ! Cette pratique sous les feux de la rampe ne se résume pourtant pas à une simple activité physique. Le yoga correspond avant tout à une façon d'être au monde, et il charrie avec lui une forme de spiritualité (attention, je n'ai pas dit religion !). J'apprécie cet aspect posé, très lié à la méditation, dont je vous parlerai plus loin. Mais si je le mentionne ici, c'est pour une raison prosaïque : il existe de nombreuses écoles de yoga, des approches très diverses et nuancées, or en ne choisissant pas le yoga adapté, on peut se faire mal. Ainsi, l'ashtanga est plutôt un yoga de « performance » ; le bikram se pratique désormais la plupart du temps dans une salle chauffée avec des postures enchaînées à un rythme soutenu... ces deux courants nécessitent une excellente condition physique. Pas de balivernes : pour les suivre, il faut avoir moins de 30 ans, et encore, en sacrée forme ! Heureusement, il existe de nombreux autres yogas, parmi lesquels le classique et bien connu hatha yoga, plus doux. Vous êtes tenté ? Renseignez-vous sur le degré de difficulté et les spécificités du yoga choisi, essayez un cours. La philosophie du yoga doit être « chacun à son rythme, selon ses possibilités », et accorder une place de choix à la respiration. Un bon prof vous demandera d'abord de faire un point avec vous pour savoir où vous en êtes physiquement, si vous avez des problèmes de santé particuliers, des restrictions (dos, etc.), et dans quel état vous êtes, globalement. S'il vous plaît, fuyez impérativement les salles où l'on ne vous pose aucune question et où vous rejoignez la grande cohue sur tapis, où vous pouvez prendre de mauvaises habitudes, vous faire mal, de même que les leçons où l'on vous étire de force. Préférez les petits groupes, guidés par des professeurs attentifs et où vous progresserez avec indulgence, à votre rythme.

Bien ! Avec tout ça, si vous n'êtes pas en super forme d'ici quelques mois, je ne comprends plus rien !

Mais nous n'en avons pas encore totalement terminé.

Car si vous possédez désormais toutes les armes pour chouchouter votre corps, il vous faut maintenant chouchouter votre âme. Là encore, ça tombe bien, j'ai plein de choses à vous raconter.

TROISIÈME PARTIE

Un esprit sain dans un corps sain

Être heureux, ça s'apprend…

Maintenant que je vous ai expliqué comment je prenais soin de mon corps, tant par l'alimentation que par l'activité physique, j'aimerais aborder avec vous un point qui me paraît crucial, last but no least, comme disait Shakespeare, je veux bien sûr parler de l'état d'esprit en général, de la façon d'envisager le monde, de le regarder, de l'aimer et de s'aimer soi.

Vous le savez certainement, car j'en ai déjà parlé dans mon autobiographie, j'ai eu une enfance compliquée qui a laissé de grandes failles en moi. Heureusement, j'ai eu la chance de pouvoir me construire grâce à l'amour de ma famille, d'avoir un métier magique, de croiser la route de gens merveilleux qui m'ont aidée à avancer, à me transformer, m'ont permis de me débarrasser peu à peu de cette vilaine seconde peau qui m'étouffait.

Être heureux n'est pas une chose facile. La quête du bonheur est un Graal humain que peu arrivent à atteindre. Certains affirment qu'être angoissé est dans notre nature : nous sommes inquiets car ce sentiment d'angoisse nous aurait sauvés, au temps où nous habitions dans des grottes. Guetter le danger, être sur nos gardes nous aurait permis de rester en vie. Une grande œuvre de la sélection naturelle, en somme. Merci bien.

Heureusement, notre raison et le savoir collectif sont là pour nous aider à nous départir de cette angoisse naturelle, et l'on peut, en prêtant attention à ce qui nous entoure et en adoptant certaines habitudes bienfaisantes, réussir à entrevoir la beauté, la magie du monde et de notre condition aussi souvent qu'on le veut. C'est cet exercice que je souhaiterais partager avec vous maintenant.

Avant d'entrer dans le détail, cependant, j'aimerais vous rappeler ce que j'essaie, chaque jour, chaque minute, de faire : ne jamais me fermer à autrui, avoir toujours envie de grandir, de changer, d'être une meilleure personne. Je crois vraiment que c'est le chemin du bonheur.

À présent, laissez-moi vous raconter quelle forme prend ma quête !

SE LEVER TÔT

D'abord, lorsque je le peux, et depuis peu (car j'avoue une marmotte dort en moi) j'adore me lever tôt, c'est-à-dire au minimum une heure avant le reste de mon entourage. C'est là encore un bon conseil de ma sœur. Il s'agit, pour moi, d'un vol respectable : je dérobe du temps au temps et ainsi, je laisse ma journée venir, je l'anticipe, je me donne les moyens de la savourer.

Et pourtant, croyez-moi, je ne suis pas du matin !

L'intérêt ? Tout est différent : la maison est assoupie, les bruits sont étouffés, timides, personne ne me parle, j'écoute le silence, c'est un moment de paix. Et puis, la lumière aussi est totalement autre. En automne et en hiver, je sais à quelle heure se lève le soleil et je l'attends, c'est assez merveilleux. À Marrakech, le jardin entre presque dans ma chambre et j'écoute les oiseaux chanter. Ce moment magique me rappelle ma grand-mère qui adorait les oiseaux et m'a appris à les reconnaître à leur chant. Ces instants ont un parfum d'enfance que je redécouvre.

Je profite de cette parenthèse pour lire, écrire et méditer. Dans la tranquillité, je me concentre et je développe de jolies pensées. Pour moi, c'est très important. Nous sommes notre propre guide et nous pouvons influer sur notre état d'esprit, notre façon d'envisager le monde et les autres. Se lever et, dans le calme bienfaisant, se dire : « Cette journée va être merveilleuse », voici une façon d'envisager les événements à venir avec un esprit d'emblée positif et serein.

Sourire aussi met de bonne humeur, énumérer quelques aspects positifs de notre quotidien que nous avons tendance à oublier ou à mettre de côté : nous sommes en bonne santé, nous vivons avec des gens que nous aimons, nous avons des amis, nous avons un travail, nous avons un toit. Chacune de ces phrases mérite une immense reconnaissance pour la vie, alors que nous avons tendance à bien vite les considérer comme acquises. Je m'efforce de distinguer et d'aimer les privilèges de mon existence.

Entre 7 et 8 heures, je commence mon sport, puis j'écoute les infos et je prends mon petit déjeuner au lit avec mon mari. C'est le repas qu'il préfère mais c'est aussi le moment à nous, où nous discutons de nos projets, de la journée qui s'annonce.

Toute la journée en est transfigurée. Quand je me lève tôt, à 13 heures, j'ai l'impression qu'il est 17 heures ! La journée existe vraiment, elle est pleine, fourmillante, moins stressante. C'est quasiment une double journée !

Bien sûr, pour cela, il faut se coucher plus tôt et adapter son sommeil afin de ne pas en manquer. Si je le peux, je fais une sieste (soit 10 minutes, soit 1 h 30).

Mais faites-moi confiance, changer de rythme peut s'avérer ultra bénéfique pour le moral.

ÊTRE OPTIMISTE

Pour poursuivre sur ce bon chemin, sachez que plusieurs études ont prouvé ces dernières années que les optimistes (ceux qui pensent qu'il leur arrivera plutôt de bonnes choses que de mauvaises, pour faire très court) vivent plus longtemps et en meilleure santé (*Optimism and Cause-Specific Mortality: A Prospective Cohort Study, 2017, American Journal of Epidemiology*). Ils rencontrent en effet moins de problèmes cardio-vasculaires. Bizarre ? Pas tant que ça ; puisque l'on sait que le stress est mauvais, pourquoi l'inverse ne serait-il pas vrai ? Et la bonne nouvelle (mais oui, j'ai toujours de bonnes nouvelles !), c'est qu'il n'est jamais trop tard pour changer, même dans ce domaine. Si les pensées négatives et le stress sont nocifs, il faut tenter d'inverser la machine. L'optimisme, ça se provoque, ça se travaille, ça se bichonne ! Oui, se répéter des pensées positives pour lutter contre une éventuelle tendance naturelle à se plaindre est possible.

Ça ne signifie pas que l'on ne souffre plus, ou que l'on vit dans une bulle multicolore où on ne prend plus en compte ce qui ne va pas, bien sûr. L'optimisme est plus du ressort de la croyance pour les pessimistes. L'optimisme est de la magie : il faut y croire pour le faire surgir.

Si ça vous paraît dingue, commencez par les basiques. Moi, j'ai appris très jeune.

Quand je n'arrivais pas à m'endormir, ma grand-mère me conseillait toujours de penser aux bonnes choses de ma journée. C'est génial à faire, se concocter un petit résumé à soi permet de se connecter au présent, de changer de point de vue sur son ressenti et son vécu. Verbaliser des petites choses en apparence anodines, comme : « C'est bien, je n'ai mal nulle part », influe sur notre moral. Mon conseil ? Achetez un joli petit carnet, et tous les soirs, vous l'ouvrez, vous inscrivez la date, et vous vous repassez le film de votre journée avec un objectif : noter au moins trois événements positifs qui ont éclairé cette journée. Quelqu'un qui vous a souri, un sentiment d'appartenance, une bouffée de bonheur, même fugace, tout est bon à prendre. L'optimisme est un muscle ! Plus vous vous efforcerez de percevoir le positif dans votre vie, plus il vous apparaîtra facilement, il jaillira, et finira par imprégner votre système de pensée, c'est promis. Essayez, ça vaut le coup.

LA MÉDITATION

Aujourd'hui, la méditation est très en vogue et peut prendre de multiples formes. Je la pratique le plus souvent possible, parce qu'elle m'apporte beaucoup de joie et de paix, elle m'allège.

La première fois que j'en ai fait, c'était en Patagonie, et j'étais franchement réticente. Je suis une fille cartésienne et ça me paraissait trop... « éthéré ». J'étais avec une femme incroyable, 35 ans, infirmière, qui avait connu des moments difficiles, et affirmait que la méditation l'avait énormément aidée, si ce n'est sauvée. Méditer lui avait permis de se remettre d'aplomb, de se sortir de la nasse. Elle m'a proposé d'essayer avec elle. J'étais peu motivée, mais elle était si passionnée que j'ai fini par céder.

J'ai eu beaucoup de chance de la rencontrer. De plus, le cadre était somptueux : nous étions assises sur l'herbe, une herbe du bout du monde. Là-bas, la nature est vaste et sauvage. En une minute, il peut neiger, y avoir un immense ciel bleu, pleuvoir, venter... Il n'y a presque aucun animal, même pas d'insectes, à part quelques manchots qui se dandinent au loin. Le vide. L'absence de vie. L'infini.

Je me suis d'abord concentrée sur ma respiration. Je suivais pas à pas ses explications, elle me guidait. Le sentiment de bonheur, de plénitude était d'une intensité incroyable. J'ai eu l'impression qu'on avait médité deux minutes, mais en réalité, on avait fait une petite séance de vingt-cinq minutes. C'est très curieux, cette poussée d'amour et de bien-être qu'une simple méditation provoque. Quand je refais ma petite séance, je retourne là-bas, dans ce cadre sublime, parmi la nature belle et aride.

La méditation est exceptionnelle pour se faire du bien au cerveau, j'entends par là le moral, l'état psychique. Moi, je suis inquiète de tout, et toujours. Je veux tout le temps bien faire, y compris des choses inutiles comme... préparer ma valise. Même quand le sujet n'est pas important, je ne peux pas m'empêcher de vouloir bien faire, de stresser. Or la méditation est une pause, un nettoyage qui fait du bien. Elle m'enlève un poids, m'allège, me reconnecte à la réalité. Elle m'aide à faire la différence entre ce qui est important et ce qui est futile. Méditer, c'est également instaurer un dialogue intérieur, une introspection qui aide à grandir. J'ai choisi ma façon d'être, guidée par la bonté ou pas, et j'essaie de m'améliorer.

ET CONCRÈTEMENT, COMMENT ÇA SE PASSE ?

Voici comment moi, je m'y prends. C'est une méditation très personnelle, il existe plusieurs façons de faire. Piochez-y ce qui peut vous correspondre, inspirez-vous.

Asseyez-vous en tailleur ou dans une position confortable (sur une chaise si vous préférez), le corps détendu, relâché. Ne vous focalisez pas sur la position : si vous êtes plus à l'aise allongé, restez allongé. Il faut trouver une position à laquelle on ne pensera plus. Moi, par exemple, je me place dos contre le mur.

Je commence par me concentrer sur ma respiration. Je sens l'air qui entre par le nez, un peu frais, qui inonde les poumons, je le visualise qui parcourt tout mon corps, puis qui repart et ressort, plus chaud.

Je laisse filer les pensées qui se présentent, comme si mon esprit était lisse et qu'elles ne pouvaient pas s'y accrocher.

C'est normal que les pensées arrivent sans discontinuer, surtout au début. Votre esprit essaiera de s'y accrocher, et puis vous vous en rendrez compte. Surtout, ne soyez pas déçu : c'est normal et ce n'est pas grave. Dans ce cas, revenez à votre respiration : elle est votre point d'ancrage. C'est sur elle qu'il faut vous concentrer pour vous recentrer.

Une fois ma respiration calme et posée, je laisse entrer toutes les pensées, sans filtre, je les laisse apparaître, être immenses, tout ce qui peut me faire du bien, je le verbalise. Et je continue à bien respirer, à écouter, à vivre cette respiration, en pleine conscience de l'air qui entre et sort, et me fait vivre.

Puis je me débarrasse de mon corps ! C'est fou, mais je visualise : je laisse mon être où il est, et je n'existe plus que sous forme d'esprit. Je me sens bien, comme si je lévitais, que je volais, dans une lumière pleine et douce qui me remplit. C'est un sentiment merveilleux. Parfois, j'arrive à voler, et ça me donne de la force.

En réalité, c'est une façon de faire très visuelle, que chacun peut s'approprier. Il faut s'imaginer dans un endroit ou dans un état que l'on aime. Chacun sa route, ses moyens, la méditation est universelle et en même temps très intime.

Je vous recommande chaudement d'essayer.

Lorsqu'on est apaisé, conscient, les soucis prennent une autre tournure, ils paraissent moins graves. Il n'y a pas mort d'homme.

Après chaque séance, je suis sereine, bienveillante avec moi-même, et plus rien ne me fait peur.

FOCUS

La pleine conscience

Cette méditation laïque (qui n'est donc pas religieuse) est venue des États-Unis, notamment sous l'impulsion du célèbre Jon Kabat-Zinn. Ce médecin a en effet ouvert en 1979 la première clinique de réduction du stress, appelée Mindfulness Based Stress Reduction Clinic (en français, Clinique de réduction du stress basée sur la méditation de la pleine conscience). La méthode connaît aujourd'hui un boom vertigineux, et c'est tant mieux. Des personnalités telles que le psychiatre et psychothérapeute Christophe André, entre autres, contribuent à la démocratiser. La philosophie en est la suivante : pour vivre heureux et apaisé, il faut savoir s'ancrer dans le moment présent. Respirer en ayant conscience de respirer, bouger en ayant conscience de bouger, marcher en ayant conscience de marcher. Nous avons, nous humains, tendance à faire les choses de façon mécanique. Nous faisons alors que nous sommes emportés par un flux de pensées. Dès lors, nous laissons notre mental nous envahir (les soucis, les doutes, les ruminations). Savoir se centrer sur le présent, c'est aller vers du mieux et calmer son mental. Réussir à entrevoir le miracle que constitue chaque seconde à respirer, marcher, justement, vivre. La pleine conscience prône l'ouverture de l'esprit sur le monde, avec empathie et bienveillance. Elle aide à en entrevoir la singularité, donc la beauté.

4 RAISONS (NON EXHAUSTIVES) DE PASSER À LA MÉDITATION

1. La méditation, en augmentant le taux de sérotonine dans l'organisme, régule et améliore l'humeur.
2. La méditation renforce la confiance en soi et améliore la qualité des relations chez soi ou au travail.
3. La méditation améliore la capacité de réflexion, de concentration et d'analyse des situations.
4. La méditation améliore la qualité de votre sommeil.

DE L'IMPORTANCE DU SOMMEIL

Quand j'étais jeune, le sommeil était la dernière de mes priorités. Tout me semblait plus important : rencontrer des gens, rire, lire un bon bouquin, regarder une série. Je trouvais toujours mille trucs à faire, d'autant que personnellement, je revis le soir. J'appartiens au peuple nocturne. Je peux me coucher à des heures indues (3 heures, 4 heures du matin !) pour profiter du calme de la maison. J'aime le silence, cette atmosphère si particulière de la nuit où tout est feutré, où les lumières sont tamisées. Mais ce mode de fonctionnement se fait au détriment du sommeil. Or le sommeil est capital et le manque de sommeil est notre ennemi. Aujourd'hui, j'y suis sensibilisée et je suis très vigilante. Exemple ? Pendant que j'écrivais ce livre, j'ai dû partir trois semaines en Australie. Ma valise n'était pas prête (oui, je suis un peu obsédée par les valises, mais je suis toujours par monts et par vaux) et le sommeil me gagnait ? Tant pis. Je me suis couchée. J'ai fait ma valise le lendemain. En prime, je suis lucide : quand je ne dors pas assez, je suis pénible, c'est comme ça. J'épargne donc à mes proches mon humeur de dogue.

POURQUOI FAUT-IL AVOIR UN BON SOMMEIL ?

Parce que le sommeil régule tout ! Pendant que nous dormons, notre cerveau est très actif. Il consolide notre apprentissage de la journée, trie les informations engrangées et favorise l'oubli de ce qui n'est pas nécessaire, il répare et fait tourner la machine.

QUE SE PASSE-T-IL LORSQU'ON MANQUE DE SOMMEIL ?

On peut être particulièrement pénible, comme moi... Je ne blague pas : le sommeil régule l'humeur. Sans lui, on est plus irritable. On est aussi plus stressé, parce qu'une carence de sommeil est un facteur « stresseur », c'est-à-dire qu'il augmente le stress. La privation de sommeil augmente également les comportements à risque (on évalue moins bien les dangers et les conséquences), dérégule le métabolisme (perturbation de la glycémie, par exemple), et abaisse nos défenses immunitaires. Une étude (*Sleep Habits and Susceptibility to the Common Cold, 2009, in JAMA Internal Medicin*) a montré que si l'on inoculait par voie nasale le rhinovirus (le banal virus du rhume), les gens qui dormaient moins de sept heures par nuit développaient plus de symptômes et mettaient plus de temps à récupérer. Logique : le sommeil permet de consolider la mémoire immunitaire de notre corps.

OK, alors, maintenant que l'on sait qu'il faut dormir, l'autre grande question c'est...

COMMENT DORMIR ?

Une bonne nuit, c'est en moyenne huit heures de sommeil (lorsqu'on n'a pas de dette de sommeil, ce qui est assez rare, surtout quand on est actif et qu'on a des enfants).

LE SOMMEIL SE DÉCOUPE EN PLUSIEURS PHASES.

Le stade 1 correspond au sommeil léger, c'est le moment de l'endormissement, celui où l'on bascule.

Le stade 2 est le sommeil lent léger. Il correspond à 40 à 50 % de notre sommeil lors d'une nuit de huit heures.

Le stade 3 est primordial : c'est le sommeil lent profond, le plus récupérateur, celui où la température baisse et où l'on reprend des forces, le laps de temps pendant lequel se fait le nettoyage physiologique du cerveau et du corps (on élimine les toxines, dans le cerveau, les muscles, on évacue les produits de dégradation accumulés pendant la veille). Il intervient en début de nuit, constitue environ 20 à 30 % d'une nuit de huit heures, et dure environ une heure trente.

Ensuite, nous alternons stade 3 / stade 2 / stade 3, et vers 4 heures du matin arrive le premier sommeil paradoxal, celui durant lequel on se met à rêver, de ces rêves dont on se souvient parfois (et que j'aime tant !).

Une bonne nuit de sommeil doit avoir lieu dans une fenêtre idéale. Qu'est-ce que c'est ? Nous avons des creux de vigilance à peu près toutes les deux heures (et nous avons deux gros creux, entre 2 heures et 5 heures du matin, et entre 12 heures et 16 heures, grosso modo, ce qui fait que c'est le moment idéal pour la sieste, mais je vous en reparlerai plus loin). S'endormir dans un creux de vigilance favorise une bonne nuit réparatrice.

Par ailleurs, il faut savoir qu'en matière de sommeil, on n'est pas tous égaux. Certains sont faits pour se lever très tôt. D'autres moins... Hélas, la société nous oblige à tous ou presque nous lever le matin et nous impose des horaires fixes. Dommage : certaines personnes (comme moi) sont plutôt « du soir ». C'est ce que les professionnels appellent le chronotype. Vous pouvez deviner votre chronotype en vous basant sur votre rythme de vacances, c'est-à-dire, sans réveil : est-ce que vous vous couchez tôt ? Ou très tard ? Ceux (minoritaires) qui sont « du soir » feront plutôt des nuits entre 3 heures et 10 heures du matin. Les intermédiaires, la majorité, se couchent entre 23 heures et 1 heure, et se réveillent entre 7 heures et 9 heures.

Ensuite, le mieux est d'essayer de vous caler sur ce chronotype autant que possible, quitte à faire des siestes dès que vous le pouvez.

ZOOM

L'art de la sieste

Il existe trois sortes de siestes. Et il ne faut pas lésiner et hésiter à les pratiquer, toutes autant qu'elles sont, selon le moment. La sieste est ce que les pros appellent un « stress relieving facteur » : elle **dissout le stress**. Le cerveau se déconnecte, on coupe, et dès lors, on fait baisser le niveau. C'est très bon pour nous !

La plus répandue, c'est la ***sieste parking***, celle qui dure entre vingt et trente minutes (appelée « parking » parce qu'on peut la faire dans sa voiture...). On récupère en moyenne trois heures de vigilance, et elle n'aura aucun impact sur le sommeil de la nuit. Le mieux est de la faire dans le creux de vigilance, c'est-à-dire entre 12 et 16 heures. On navigue généralement entre du sommeil de stade 1 et stade 2, parfois stade 3 lorsqu'on a une grosse dette de sommeil.

La ***sieste flash***, ou ***power nap***, est une pause optimisée. Elle dure dix minutes, et donne l'impression de n'avoir pas dormi. Mais grâce à elle, on gagne l'équivalent de une heure à une heure trente de vigilance et de concentration.

La ***sieste royale***, c'est la bonne grosse sieste de vacances. Elle dure environ une heure trente et nous fait basculer dans le sommeil lent profond. Elle est donc très réparatrice, mais on peut avoir du mal à en sortir et se sentir vaseux pendant un moment. Cependant, elle offre un sommeil très réparateur. Indispensable à ceux qui sont en grosse dette de sommeil !

N'oubliez pas de mettre votre réveil pour respecter ces temps fractionnés et ne pas entamer un nouveau cycle de sommeil, sous peine de vous réveiller presque plus fatigué qu'avant votre sieste et d'en perdre les bénéfices.

FOCUS

Les règles d'or pour bien dormir...

Pas facile, avec la course quotidienne, d'avoir un sommeil serein et réparateur. L'insomnie guette souvent et à nous l'endormissement difficile, voire le réveil en pleine nuit, comme une petite chouette, yeux grands ouverts sans avoir rien à faire.

Pourtant, on peut aider notre corps à se préparer au sommeil. Pour cela, il existe de bonnes habitudes à mettre en place... et d'autres mauvaises, à bannir !

LES ENNEMIS DU SOMMEIL

1. Les écrans. Leur lumière bleue envoie un signal au cerveau et lui fait croire qu'on est en plein jour. Du coup, il ne se met pas en veille. Réservez-vous au moins une heure entre le dernier écran et l'extinction des feux. Et préférez un sas de lecture.

2. Mettez tous vos appareils électriques en veille, ou mieux : débranchez-les pour ne pas être tenté.

3. Les sujets qui fâchent. Évitez de parler de la tante Janie qui vous harcèle pour venir prendre le thé, ou de votre collègue François qui ne fait rien et vous refile tout son boulot. Limitez au maximum les conversations susceptibles de vous énerver ou de vous angoisser. C'est idiot, mais ça marche.

4. Les tisanes. Certes, elles font dormir... mais quand on a une petite vessie, elles réveillent.

5. Les repas lourds, difficiles à digérer. On est un parpaing dans son lit, on se sent mal, et on ne s'endort pas.

6. Évitez aussi les excitants après 14 heures (thé ou café).

LES AMIS DU SOMMEIL

1. **Le frais**. Une chambre fraîche favorise le sommeil.

2. **Le calme**. Donc on évite le rap à fond à 22 heures.

3. **Le noir**. Fermez vos volets, isolez vos sens.

4. **Le silence**. Pas facile quand on vit dans une grande ville ou avec... un ronfleur/une ronfleuse. D'accord, mais il existe des bouchons d'oreilles qui permettent de créer un filtre. En cas d'environnement sonore, avec eux, on s'endort et on dort mieux.

ZOOM

C'est quoi, une dette de sommeil ?

Il s'agit du terme utilisé par les scientifiques pour définir l'accumulation de manque de sommeil. Elle se calcule en comparant les heures de sommeil pendant la semaine, et les heures de sommeil le week-end, sans contrainte, ces dernières définissant les besoins réels du dormeur. On parle de « dette » lorsqu'il manque au moins une heure à une heure trente de sommeil quotidien. Si vous dormez trop peu, a fortiori lorsque vous êtes un « gros dormeur », vous cumulez du manque de sommeil, qui s'ajoute comme autant de petites couches, votre dette grossit. Et comme pour tout, avoir des dettes est mauvais (ici, pour la santé !). Une dette importante provoque notamment une baisse de vigilance. C'est une des principales causes d'accident de la route. D'après un sondage INPES/BVA, en 2007, 45 % des Français de 25 à 45 ans estimaient ne pas dormir assez ! Pour « rembourser » une dette de sommeil, le processus est simple. Il suffit de dormir une ou deux heures de plus par nuit, jusqu'au remboursement de la dette.

VIS MA VIE

Ma deuxième vie dans les rêves

J'adore mes rêves, je m'en souviens très souvent et ils sont toujours dingues ! J'ai d'ailleurs l'habitude de dire que j'ai une double vie : la réelle, et celle de mes rêves. Les couleurs y sont très claires, chatoyantes, les sensations, réelles, et les émotions, fortes. Je vois des paysages incroyables et je vis des aventures extraordinaires. Parfois je me languis d'aller me coucher tant j'ai hâte de retrouver cette autre vie. En effet, je suis capable de reprendre le cours de mes rêves exactement là où je m'étais arrêtée en me réveillant. J'entretiens ce petit cadeau précieux en m'entraînant par exemple lorsque je me réveille la nuit pour satisfaire la soif, la faim ou un besoin naturel, je me force (sans difficulté) à revenir pile à l'instant T lorsque je me rendormirai !

J'ai l'habitude de les noter et de les raconter à ma sœur. On passe des heures à parler de nos histoires inconscientes, et on rit beaucoup.

NOTRE CERVEAU, CE GÉNIE

Notre cerveau est un organe incroyablement performant et il faut en prendre soin. Ses capacités quasi infinies me fascinent. Tant de possibilités, de puissance ! Prenez l'effet placebo, par exemple. Quand on y pense, c'est extraordinaire : on avale un médicament qui n'a aucun principe actif puisqu'il s'agit d'un leurre, mais on y croit et c'est gagné. Le pouvoir de l'esprit est saisissant, et il serait dommage de ne pas en profiter.

Car on oublie souvent que les capacités du cerveau peuvent, elles aussi, s'améliorer. Par l'alimentation, nous l'avons vu, mais aussi, grâce à de nombreux biais permettant de faire mieux fonctionner nos neurones, de réactiver les circuits. Oui, nous pouvons entraîner notre cerveau en nous amusant. À la clé, une pensée fluide, rapide, des idées qui coulent et une capacité accrue à réfléchir et à mémoriser. On peut toujours progresser. À tout âge. Le secret c'est l'entraînement.

Pour cela, les jeux vidéo sont parfaits. Laissons les enfants jouer : jouer aux jeux vidéos est, contrairement à ce que l'on croit, bon pour le développement de leur cerveau et de leurs capacités cognitives. C'est comme tout, c'est une question de dosage. Il ne faut pas excéder vingt minutes par jour, sinon, au lieu de stimuler les neurones, on les grille. Mais les petits jeux de rapidité et de mémorisation sont excellents : ils entraînent la vue, la mémoire, la capacité d'analyse, et ils font tourner le processeur interne. C'est comme du sport, mais pour le cerveau. Sur Internet ou sur de petites applications disponibles sur téléphone ou tablette, vous trouverez une foule d'exercices pour entraîner votre mémoire et améliorer vos réflexes : placer des couleurs dans le bon ordre en les ayant vues rapidement, faire des calculs qui augmentent en difficulté peu à peu, reconnaître des formes, des suites de nombres, tout cela dans un temps donné qui oblige à se concentrer et à cliquer super vite. Perso, j'adore. Au lieu de passer mon temps sur les réseaux sociaux, quand j'attends quelqu'un, que je suis à l'aéroport, je dégaine mon téléphone, je joue. Et je chronomètre !

LES DIFFÉRENTES FORMES D'INTELLIGENCE

Dans notre société, on a tendance à beaucoup réduire l'intelligence. En gros, les matheux sont des intellos. Les littéraires le sont déjà moins. Et puis, il y a les autres...

Howard Earl Gardner, psychologue du développement américain, a battu en brèche cette vision trop réductrice de l'intelligence. D'après lui, il existe plusieurs formes d'intelligence, elles sont d'ailleurs au nombre de huit (sinon plus), et toutes ne sont pas mesurables par le fameux QI. Pourtant, certains d'entre nous ont développé ces formes d'intelligence et sont très performants dans leur domaine.

Pourquoi je vous raconte ça ? Parce qu'il me semble que, pour être heureux, il faut savoir qui on est, savoir s'aimer, et donc savoir s'estimer. L'estime de soi est capitale. Voici donc les profils déterminés par monsieur Gardner.

L'INTELLIGENCE LINGUISTIQUE

Il s'agit de la capacité à utiliser le langage, pour exprimer sa pensée et communiquer avec autrui. Cette intelligence est liée aux sons (car les mots sont des sons). Les avocats, les écrivains, et globalement tout ceux qui manient les mots dans leur vie de tous les jours possèdent ce genre d'intelligence.

L'INTELLIGENCE LOGICO-MATHÉMATIQUE

Logique, analyse, observation, résolution de problème sont les piliers de cette intelligence, mode de fonctionnement prédominant chez les scientifiques, qu'ils soient chercheurs, médecins, informaticiens... ou joueurs d'échecs !

L'INTELLIGENCE MUSICALE

Le modèle ? Mozart. Mais pas besoin d'être un génie pour posséder cette intelligence. La capacité, ici, concerne le rythme, la mélodie, la musicalité des mots, le fait de mémoriser, d'être sensible, de créer ou d'interpréter de la musique avec facilité.

L'INTELLIGENCE VISUELLE SPATIALE

C'est grâce à elle que l'on peut se représenter le monde, spatialement et mentalement. Les peintres, les architectes, les designers, mais aussi les navigateurs ont une solide intelligence visuelle spatiale. Les autochtones qui, en Amazonie ou en Papouasie, savent se repérer dans la forêt, ont développé cette intelligence.

L'INTELLIGENCE KINESTHÉSIQUE

Non, rien à voir avec des super-pouvoirs de super-héros ! Cette intelligence utilise le corps ou une partie du corps pour s'exprimer et communiquer. C'est, typiquement, le potentiel intellectuel des sportifs, capables de calculer en un rien de temps la trajectoire d'un ballon, d'anticiper sur le prochain mouvement de l'adversaire.

L'INTELLIGENCE NATURALISTE

Cette forme d'intelligence concerne l'environnement, les animaux, mais aussi les végétaux ou les minéraux : les reconnaître, les classer, les distinguer. Elle crée une affinité particulière avec la nature, une sensibilité à la conservation. Les gens proches de la nature, qui connaissent les remèdes, par exemple, ont cette intelligence.

L'INTELLIGENCE INTERPERSONNELLE

C'est celle qui permet d'interagir avec les autres de manière fluide. Grâce à elle, on reconnaît les caractères, les tempéraments. C'est d'elle que viennent la capacité à coopérer, l'empathie ou la tolérance.

L'INTELLIGENCE INTRAPERSONNELLE

C'est notre capacité à nous plonger en nous-mêmes, à analyser et à mieux cerner nos émotions, notre comportement, nos pensées... L'intelligence intrapersonnelle est remarquable pour mieux se comprendre, se connaître, et donc essayer de grandir et de s'améliorer.

Certains profils vous parlent plus que d'autres ? Parfait. Oui, vous l'aurez compris, pour s'estimer, il faut se connaître. Parce que ainsi, on cerne ses atouts, on capitalise dessus, et on s'autorise à être moins fort ailleurs, à progresser aussi, parfois. En d'autres termes, ici encore, en déchiffrant qui on est, on est bienveillant avec soi-même. On prend le chemin de l'apaisement. Donc du bonheur.

Ce qui est fort dommage, c'est que le système scolaire, souvent, ne tient pas compte de ces données sur l'intelligence. C'est d'autant plus regrettable que la focalisation sur la performance, la bonne note, peut être source de souffrance pour ceux dont le cerveau fonctionne différemment. Alors n'oubliez pas, rien n'est jamais écrit d'avance, on peut toujours progresser, s'améliorer.

FOCUS

L'intelligence interpersonnelle qui change la vie

Je ne connaissais pas cette intelligence, mais maintenant que j'ai une vision du tableau global, je remarque chez mes amis ou mes proches des dominantes. Et je suis en totale admiration devant mon mari. Pour lui, tout est clair, limpide, il voit les qualités des gens au premier coup d'œil, sait prendre les bonnes directions, il a un instinct pour ça. C'est incroyable, car du coup, il est capable de prendre des décisions en un clin d'œil, sur des sujets futiles comme plus épineux ! C'est une vraie thérapie pour moi qui hésite toujours et qui peux paniquer à la simple idée de devoir faire ma valise !

S'ENTOURER DE GENS BIENVEILLANTS

Ce conseil peut paraître stupide, mais j'y crois vraiment. Tout au long de ma vie, j'ai noué des liens, je continue à rencontrer des gens nouveaux toutes les semaines, ce qui constitue une grande chance. Mais si plus jeune, comme tout le monde, j'ai pu faire des erreurs de jugement, l'expérience m'a appris à tenir à distances les personnes toxiques ou qui ne me correspondent pas. On apprend de ses erreurs ! Je suis toujours très vigilante afin de ne pas me tromper sur les gens qui m'entourent, ne pas me livrer et ouvrir mon cœur à des personnes avec lesquelles je n'aurais pas de réelles affinités. Pour moi, la sincérité dans les relations humaines est un diamant inestimable. Je veille donc à m'entourer d'un cercle de proches sincères, que je distingue du reste du monde. La vie est trop courte pour s'embarrasser de relations superficielles ou néfastes. Il ne faut pas avoir peur de faire des choix, notamment celui de choisir celui qui est bien pour nous ! Ça n'a l'air de rien comme ça, mais ce n'est ni forcément évident, ni ce que nous privilégions.

Ce cercle a des vertus magiques. Avec mes proches, je suis vraie, je me dépouille du superflu, je suis moi-même, y compris avec mes horribles défauts. Pas de déguisement. Pas de faux-semblant. C'est en étant face à soi-même que l'on peut aussi progresser et savoir qui on est, ce que l'on veut. Et puis, les autres ouvrent l'esprit, enrichissent. Ils offrent une autre façon d'envisager les événements, de voir le monde. On grandit lorsqu'on est entouré, on sort de notre zone de confort. De plus, je crois vraiment au pouvoir de l'amour. Être entouré de gens que l'on aime et qui nous aiment est une source de confiance en soi et en autrui. L'amour des siens dope le moral, on se sent plus beau, plus fort. Il ne faut pas négliger ce cercle. Qui appelleriez-vous à 3 heures du matin si vous aviez un gros problème ? Quels gens répondraient présent si soudain vous perdiez tout, vous n'étiez plus qu'une outre de malheur (trop souvent repoussante, hélas) ? Plus on avance en âge, plus on devrait faire le ménage. Et prendre soin de ceux qui nous le rendent bien. Les amours de ma vie, personnellement, se comptent sur les doigts d'une main. Parmi eux, il y a ma mère et ma sœur, que j'appelle presque tous les jours, avec qui je partage les plus infimes détails ou les grandes nouvelles. Et puis, il y a mon mari.

ANECDOTE

Mon anniversaire du bout du monde

Le jour de mes 45 ans, j'étais en Australie pour l'émission « Les Pouvoirs extraordinaires du corps humain ». Mon chéri était donc bien loin ! La production nous a tous emmenés dîner au restaurant, et puis, soudain, une jeune femme a fait irruption, s'est approchée de moi, et m'a dit qu'elle avait... un télégramme chantant à mon intention. Je me suis levée, je l'ai suivie (avec toute la production derrière moi !) dehors, et je me suis retrouvée face à un carrosse ! Un vrai carrosse garé devant le restaurant ! J'ai grimpé dedans. Il y avait un jeune homme, cette jeune femme, et un transistor à l'ancienne. Ils ont attendu que je sois bien installée, et ils ont appuyé sur le bouton. C'était une chanson de Lana del Rey, LA chanson de notre mariage, notre chanson, à mon mari et à moi, une chanson que j'adore et qui me bouleverse parce qu'elle dit : « m'aimeras-tu encore si je ne suis plus belle ? » J'ai pleuré en essayant de me cacher, mais j'étais tellement émue ! C'était un moment magique, et la preuve aussi que l'on peut transcender la distance. Que lorsqu'on connaît bien les gens, on peut les toucher droit au cœur, leur dire qu'on les aime avec peu, avec une simple chanson, même au bout du monde. Un magnifique anniversaire.

MON RAPPORT À LA BEAUTÉ

Quand j'avais 20 ans, j'étais aux États-Unis, et l'agence de mannequins avec laquelle je travaillais m'a envoyée dans un institut de beauté avant de shooter une campagne. En gros, on devait s'occuper de moi pour que je sois la plus belle possible (dur, dur, ce métier...). Je ne me souviens plus du contexte mais je me rappelle très bien ce salon, sur la Cinquième Avenue : il était magnifique, dans des matières épurées, sur deux étages, très sophistiqué.

La propriétaire était une dame d'un certain âge, elle devait avoir environ 70 ans. J'ai été frappée par sa grande beauté et son élégance. Soignée, classe, ses sourcils étaient nickel, ses ongles, ses cheveux aussi, sans être too much, et surtout, elle était malgré cette sophistication d'une simplicité et d'une gentillesse confondantes. C'est limpide dans mes souvenirs.

C'est elle qui s'est occupée de moi. Elle m'a fait de nombreux compliments et dit de très jolies choses qui m'ont beaucoup touchée. Elle était incroyablement bienveillante. « Je vais vous dire un secret. » a-t-elle fini par me murmurer. Et elle m'a alors expliqué que pour ne pas vieillir, elle appliquait tous les soirs une crème grasse sur ses pattes-d'oie, ses coudes... et ses genoux ! Je vous rassure, si ce moment m'a beaucoup marquée, ce n'est pas à cause de ce secret de beauté nature. C'est plutôt parce que, pour la première fois, j'ai pris conscience du temps qui passe, du côté éphémère de la beauté et de la douceur et d'une autre beauté qui émanaient de cette femme. Je me suis dit : « Oui, ça va m'arriver... »

Mais à travers elle, j'ai aussi compris que j'avais peut-être reçu ce corps, ce physique comme un cadeau de la nature, mais qu'aussi beau soit-il, il était éphémère. Bien sûr, j'ai peur de vieillir. Inutile de mentir ou de jouer les détachées : un mannequin se soucie forcément de sa beauté, mais j'ai pris conscience d'une autre beauté, celle qui émane d'une personne et résiste au temps !

À 40 ans, j'ai vécu une vraie petite tempête : j'ai divorcé, j'ai eu mes premières rides, et j'ai senti que j'étais à un tournant. J'ai un peu paniqué. Il m'a fallu un moment pour trier les données et les remettre en ordre, choisir ma route. Ma carrière s'est diversifiée, et c'est un fait : je ne suis plus la même personne qu'à 20 ans.

Aujourd'hui, je sais que la beauté n'est pas tout. Je veux vivre bien. Et heureuse. Je profite d'autre chose, mes attentes ne sont plus les mêmes, comme pour tout le monde.

Je suis toujours aussi avide de nouvelles expériences, curieuse d'apprendre et de découvrir, vivre, et tenter des expériences. La télé m'a permis de prendre cette voie, et c'est merveilleux. Quand j'entends les chauffeurs de taxis qui me sortent des phrases comme « Vous êtes encore belle ! » ou « Vous êtes encore belle pour votre âge », vous savez, ces espèces de compliments tordus où, après 40 ans, on ajoute le délicat : « pour son âge »… je me sens un peu nostalgique. Et je ne suis pas hypocrite : si une sorcière apparaissait au détour d'une route et me susurrait à l'oreille : « Fais un vœu et tu retrouveras à nouveau ton corps de 30 ans », je dirais oui. Mais j'essaie d'accepter, et surtout, je ne cours pas après ma jeunesse. (Car c'est une cause perdue d'avance !)

À CHAQUE ÂGE SES AVANTAGES... ET SES INCONVÉNIENTS

L'âge est devenu un fardeau dans notre société.

Il existe d'autres pays où il est signe de respectabilité, de sagesse, et donc de beauté. Tout est question de prisme.

Pour se sentir belle et bien, je crois qu'il est très important de ne jamais oublier qui l'on est, et surtout, ce qui fait notre originalité. On peut être ridée mais avoir des mains magnifiques. On peut être voûtée et avoir des yeux sublimes qui font se retourner les passants dans la rue. Même à 70 ans. Une femme épanouie est belle, elle brille d'une flamme intérieure qui est palpable. Regardez autour de vous.

Pour cela, rien de tel que connaître ses atouts, les chérir, en prendre soin. Savoir ce que l'on aime chez soi et s'en occuper comme d'une pierre précieuse. Vous aimez vos mains ? Offrez-leur des crèmes hydratantes, une manucure de temps en temps. Vous avez des cheveux magnifiques ? Ne lésinez pas sur les shampoings adaptés, les soins qui chouchoutent votre chevelure. Et puis, il me paraît vital de ne pas courir après la perfection. On n'est pas obligée d'être tirée à quatre épingles tous les jours. Être nature avec un zeste de fond de teint fluide ou une BB crème, un coup de blush vivifiant sur les joues pour le côté « grand air », une once de mascara, sans trop en faire, est déjà pas mal. Quand vous voyez des affiches et des publicités, n'oubliez pas que les femmes et hommes qui y sourient ont été maquillés par des pros pendant des heures, bénéficient d'une lumière sur mesure, au millimètre près. Ce n'est pas la vraie vie. Personne n'arrive à un tel degré de splendeur seul dans sa salle de bains. Mais sourire, ça, c'est irremplaçable.

Oui, j'en suis convaincue : chaque âge possède sa beauté.

La preuve !

LA VINGTAINE

C'est la décennie de la liberté. On est libéré de l'emprise parentale, on décide de faire sa vie, on prend les chemins que l'on a choisis, ou en tout cas, on décide seul, le plus possible. On est le maître à bord, et cette découverte est enivrante. C'est aussi, souvent, le moment du premier amour vibrant, le moment où tout est possible. On peut tout faire. On ne sait rien faire ! Mais pas grave : on va apprendre.

Moi, j'ai appris à être indépendante à cet âge-là et je n'ai jamais oublié le bonheur que m'a procuré cette liberté qui me délivrait de l'emprise paternelle.

Concrètement, c'est l'âge où l'on peut se permettre la bouche rouge et les yeux charbonneux en même temps, si l'on en a envie (car on apprendra plus tard que l'un ou l'autre suffit !). C'est aussi l'époque des premières crèmes hydratantes, et des contours des yeux pour chouchouter notre capital beauté et l'entamer le moins possible malgré les fêtes, les soirées, et les courtes nuits. Attention, on n'oublie jamais de se démaquiller pour ne pas étouffer sa peau encore toute pimpante. Bon, j'avoue, je n'ai moi-même jamais trop pratiqué ce bon conseil car c'était l'époque des premiers shootings ; j'étais tellement contente du résultat du travail des pros que je voulais garder leur maquillage le plus longtemps possible. Ça rendait ma mère dingue car je ruinais tous les draps avec le masque de mon visage. Il a fallu que je quitte la maison et habite seule pour me décider à me démaquiller. Pourquoi ? Parce que c'est moi qui devais laver les draps !

LA TRENTAINE

C'est le moment d'un premier bilan. On a confiance, on se connaît mieux, on a appris, on a grandi, on a tâtonné, et on commence à entrevoir où est notre place, ou, en tout cas, ce qu'il faut faire pour y arriver. C'est nous qui tenons les rênes, nous sommes seuls maîtres à bord. La trentaine est aussi, donc, l'âge du renforcement : on se tient droite, on tient les objectifs, on s'impose.

Attention, ça ne signifie certainement pas que tout est figé ! Mais on prend ses marques.

On sait ce qui nous va et on a intégré quelques astuces : la bouche rouge OU les yeux charbonneux, histoire de ne pas ressembler à un camion volé. On se démaquille toujours autant, en revanche, et on opte pour des soins premières rides. On ne néglige pas non plus les petits gommages et masques hydratants une fois par semaine. Notre peau perd déjà de son élasticité, même si ça ne se voit pas encore. À nous de lui donner un coup de fouet.

LA QUARANTAINE

Le navire tangue. Personnellement, c'est à 40 ans que j'ai réalisé la vérité, aussi évidente soit-elle.

En gros, on a gravi la colline, et maintenant, tout doucement, on va la descendre. C'est bien d'être avec quelqu'un pour la descendre... La famille, les enfants donnent du sens à la vie, la dessinent, l'intensifient. Les priorités changent, on envisage et on voit le monde autrement. On fait preuve de plus de sagesse et de bonté, de patience. On a gagné en assurance, on continue à se libérer de nos doutes, parce qu'on a fait nos preuves. On prend le temps de se poser vraiment et de regarder en arrière : qu'est-ce qu'il y a de bien dans notre vie ? De moins bien ? Que peut-on éradiquer (de mauvaises habitudes, des gens toxiques), et que doit-on booster pour être plus heureux (une activité dont on rêve depuis vingt ans, des connaissances qu'on aimerait revoir et apprendre à mieux connaître).

Dans notre salle de bains, on mise sur des soins plus riches, on choie notre fragile épiderme avec des masques nourrissants, idem pour les cheveux. On parie avant tout sur le teint en make-up, pour être parfaite et rayonnante : un fond de teint fluide plus léger ou une BB crème, du blush bonne mine pour rehausser notre teint et nos pommettes, un fin trait noir à la racine des yeux pour les agrandir et du mascara pour ouvrir le regard. On dit adieu aux ongles longs et flashy. On opte pour la sobriété, la classe, une french courte, par exemple, (à condition de la faire la plus fine possible pour un résultat naturel – et on oublie le *nail art* et les vernis avec diamants...) parce que c'est aussi l'âge où l'on se pose. On n'a pas besoin d'en faire trop et ça, c'est bien.

LA CINQUANTAINE

C'est mon chemin, et pour moi, c'est une nouvelle phase de construction. La cinquantaine, c'est le moment d'avoir des projets, à deux ou seul, d'avancer dans la vie, d'effacer et de compléter. Les enfants grandissent, ils partent ou partiront, on entame un nouveau tronçon de notre vie, où l'exploration reprend ses droits. On s'est concentré sur le cocon familial, maintenant, on peut en sortir, prendre l'air, découvrir encore, car c'est bien à ça que sert la vie !

On masse son visage le plus souvent possible avec des soins ultra nourrissants, on oxygène sa peau au maximum. On poursuit sur la voie des bonnes habitudes mises en place à la décennie précédente (déjà !) : démaquillage aux petits oignons, make-up simple et efficace, sourire impeccable. On s'occupe particulièrement de petites ridules autour de la bouche, qu'on oint de produit gras à gogo. Si on en a envie, on se fait une couleur pour apporter du peps. Bref, on continue à prendre soin de soi et à s'aimer.

L'ENGAGEMENT, C'EST LA VIE !

La Croix-Rouge, c'est mes chouchous, je les adore. Je n'ai jamais eu la grosse tête, quand je suis rentrée chez moi, toute jeune, auréolée de ma carrière balbutiante qui prenait un tour plutôt positif, ma mère m'a tout de suite arrêtée, et m'a expliqué que chez nous, il n'y avait pas et n'y aurait jamais de princesse. Ça m'a calmée pour toujours. Néanmoins j'exerce un métier redoutablement autocentré, et tout le monde se penche sur ma petite personne. Faire abstraction de moi-même à travers mon engagement auprès de la Croix-Rouge, et me tourner vers les autres était un choix vital. J'ai énormément appris avec eux. Les gestes qui sauvent, bien sûr, mais aussi tout ce qui peut alléger la souffrance des gens autour de nous. Vous connaissez probablement les campagnes de publicité, qui avaient ce mérite dingue d'être drôles, mais ma collaboration avec la Croix-Rouge est bien plus vaste. Ce que je trouve génial par exemple, c'est que pour leurs cent cinquante ans, ils ont créé des cartes pour inviter les gens à accomplir les bons gestes et se tourner vers les autres, bref encourager à être un peu moins indifférent et ne pas hésiter à aider une personne âgée à traverser la rue, offrir un sandwich à un SDF, parler à quelqu'un qui se trouve en difficulté…

Au début, je me sentais horriblement maladroite. Mais j'ai été formée, j'ai été en contact avec des dizaines et des dizaines de bénévoles. J'ai fait des tournées de nuit avec le Samu social. Les bénévoles parviennent à entamer le dialogue avec des personnes rejetées, à la marge, qui ont honte et que la souffrance rend parfois agressives. Les bénévoles sont patients, ils écoutent, ils sentent, ils contournent, je les ai observés et je nourris pour eux un respect et une admiration sans bornes, leur travail de terrain est extraordinaire. Je suis fière de faire partie de cette famille, je me sens humaine à leurs côtés, hors de moi, dans le don de soi, et il me semble que c'est important, dans la vie. L'égocentrisme abîme l'âme. Chacun à notre niveau, nous pouvons aider, soutenir. Si tout le monde l'intégrait, le monde serait plus beau.

Je crois aux valeurs d'entraide et de partage. À chacun de trouver son terrain. Il existe mille et mille associations qui cherchent constamment de nouveaux adhérents : de puissantes comme la Croix-Rouge, les Restos du cœur, certes, mais aussi de petites associations d'alphabétisation, de soutien scolaire, d'aide aux personnes âgées, de jardinage dans les espaces publics... Quelle cause vous ferait vibrer ? Où vous sentiriez-vous utile ? N'hésitez pas à consulter les associations dans votre commune et les villes avoisinantes. Et faites-moi confiance : aider les autres fait du bien. Un bien incroyable.

VIVE LES DÉFIS !

Une autre constance de ma vie, ce sont les défis. Ils m'ont littéralement sauvée. Je n'en suis pas fière, mais la vérité est que je suis d'une nature super angoissée. J'ai fait beaucoup de progrès mais longtemps je me suis stressée pour un rien : faire ma valise, je l'ai dit, prendre un rendez-vous, prendre la parole en public, tout était une aventure insurmontable, pour moi ! Heureusement je n'en suis plus là mais je reste « traqueuse ». Pour dépasser cette peur et franchir le Rubicon, j'ai eu besoin d'objectifs.

Grâce aux défis, je me surprends à faire des choses qui par le passé m'auraient provoqué des sueurs froides. Grâce aux défis, j'ai affronté mes peurs, je n'ai pas esquivé, je les ai surmontées. Et ça m'a – vraiment – changé la vie. Quand on se lance un défi raisonnable et qu'on le gagne, on gagne surtout de la confiance en soi, la personnalité se développe. Je me suis construite grâce à des défis, ils sont le socle sur lequel j'ai pu m'appuyer pour grandir et devenir la personne que je suis aujourd'hui.

D'ailleurs, le premier des défis, c'est d'être en forme ! Mais ça, maintenant, vous le savez déjà, n'est-ce pas ?

Bien sûr, ça suppose qu'on ne se lance pas de défis TOTALEMENT barjots. Si vous avez le vertige, peut-être qu'un saut en élastique est un peu jusqu'auboutiste pour une première fois ! Commencer par un défi plus doux, plus plausible, car s'il est insurmontable, un défi peut détruire. Comme dans tout, je le répète depuis le début : soyez bienveillant avec vous-même, n'attaquez pas trop fort, restez dans la limite du raisonnable, c'est-à-dire du faisable. Fondamentalement, rater un défi n'a rien de catastrophique, mais il faut savoir se remettre en selle, donc ne pas viser trop haut pour ne pas être dégoûté ou terrorisé. Vous avez tout le temps de grimper à votre rythme !

Cette façon d'envisager la vie m'a fait prendre conscience du fait que l'échec est positif, il ne faut jamais l'oublier. On vit dans une société où lorsqu'on rate (on dit d'ailleurs un « raté »), on a l'impression que rien ne sera jamais plus possible. Je m'insurge ! L'échec permet de grandir, de s'améliorer, d'affiner notre connaissance de nous-mêmes en apprenant de nos erreurs. Le dépassement de soi est bon pour notre cerveau, il sort de sa zone de confort, apprend à se reprogrammer. Qu'est-ce que l'intelligence, si ce n'est la capacité à s'adapter à une nouvelle situation ? Un défi permet de développer, d'aller chercher des capacités qu'on ne pensait peut-être pas avoir. C'est très enrichissant. Moi, j'ai l'impression de devenir une autre personne quand je plonge dans ce genre d'expériences. Et cette sensation n'est pas éphémère, elle s'inscrit en nous, nous habite.

Excellent, je vous dis.

VIS
MA
VIE

Le rallye Aïcha des gazelles

Un soir, j'étais à table avec un couple d'amis. Les hommes parlaient du Paris-Dakar, et ma copine a lancé : « Ce serait génial de participer à une course comme ça ! » Les deux hommes ont explosé de rire. Nous, on s'est regardées. On n'a pas eu besoin de mots, tout était dit : on leur montrerait. On s'est renseignées et le Paris-Dakar était inaccessible, mais pas le rallye des gazelles... Un rallye 4x4 exclusivement féminin dans le désert marocain. J'avais un shooting à Tahiti, et je suis rentrée... deux jours avant le départ. Évidemment, il n'y a aucune navigation par GPS dans ce genre de courses, tout se fait à partir de cartes ultra arides, en noir et blanc, avec boussoles, triangulation des étoiles et tout le bazar. J'ai appris auprès de militaires, j'ai passé deux jours à chercher des balises cachées, etc. Je me suis donnée à fond. La responsabilité était énorme : une erreur de quelques millimètres sur la carte pouvait nous entraîner à des kilomètres de l'endroit où l'on voulait aller ! Il y avait 300 filles du monde entier, et j'ai vu la façon dont j'étais regardée. Ces préjugés sur les mannequins qui sont tous forcément stupides. « Sois belle et tais-toi », n'est-ce pas ? Nous avons eu une journée de reconnaissance, et j'ai bien cru qu'on n'y arriverait jamais : le sable, avec la chaleur, c'est de la soupe. Si on conduit trop lentement, on s'ensable ! Et dans cette course, on est en autarcie, si on est bloquées, on est seules pour sortir la voiture du pétrin. Sans mauvais jeu de mots, c'est un moteur extraordinaire : ça oblige à trouver des solutions, à cogiter, à s'extraire de la routine. On a compris qu'il fallait foncer, ne pas s'arrêter. Et on a assuré. Je me suis totalement immergée dans cette course, j'ai pleuré le jour où je n'ai pas trouvé ma balise ! J'étais à fond ! Je l'ai refait quelques années plus tard et je suis arrivée septième. Une de mes immenses fiertés. Car l'important est qu'on se retrouve dans une situation hors de notre zone de confort. Face à une action ou une situation inédite, notre corps, notre cerveau vont utiliser des capacités qu'on ignorait avoir et qui ne demandaient qu'à être activées. On se découvre des ressources insoupçonnées. Un sang-froid incroyable par exemple. Quand on est obligé d'agir, on se surpasse, et on en ressort grandi avec une force immense. C'est ce qu'a été le rallye pour moi.

VIS
MA
VIE

Mon expérience télé

Travailler au côté de Michel Cymes est un défi que j'adore relever. J'ai beaucoup de chance, dans ma vie, je n'ai jamais rien planifié, mais quand on m'a proposé de participer à cette émission, je me suis dit : c'est ça, c'est une super opportunité, c'est génial ! Vous pensez. De la télé sans la télé – c'est-à-dire sans avoir à animer en plateau une émission – sur un sujet qui m'intéresse, me renvoie à mes études de médecine, avec un merveilleux partenaire qui me permet d'apprendre et de transmettre aux gens. Je ne crois pas m'avancer en disant que nos vies, à Michel, l'équipe et moi, ont changé grâce à tout ce que nous avons appris. Ça ne pouvait pas tomber mieux, et je me suis sentie immédiatement à ma place. De fait, cette expérience est mieux que dans mes rêves les plus fous. Je découvre des pays, j'apprends, je rencontre des gens déments, des médecins, des spécialistes de toutes sortes, je vis des expériences incroyables que je n'aurais jamais vécues dans d'autres circonstances. Récemment, je suis allée plonger avec des raies mantas, et je ne remercierai jamais assez l'équipe pour ces moments sublimes. J'ai été obligée de passer mon brevet de plongée, encore un défi, et ensuite, une fois dans l'eau... je n'ai pas de mot pour décrire ce que j'ai vu : ces grands poissons qui volent dans l'eau, si majestueux. Ils mesurent plusieurs mètres d'envergure, et je les ai frôlés ! J'ouvre les yeux et je prends, pleine de gratitude, toutes les merveilles que l'on m'offre. J'ai aussi rencontré une femme exceptionnelle, Christine, du Muséum d'histoire naturelle, qui m'a aidée à vaincre mon arachnophobie. Vous vous rendez compte, quelle chance ! Sans ces circonstances exceptionnelles, jamais je n'aurais pu la croiser. Par ailleurs, autre délice pour moi, les tournages se déroulent dans des ambiances très particulières. Je rencontre plein de gens, et souvent, ils se confient à moi. Mon monde s'ouvre un peu plus. J'aime ce rapport intime aux autres. Je sors de mon univers, je repousse les limites, je m'immerge, et une fois encore, je me sens riche de toutes ces expériences qui font le sel de la vie.

NOS AMIES LES BÊTES PAS SI BÊTES

J'ai toujours aimé les animaux, mais ma prise de conscience est allée crescendo, et aujourd'hui, ma façon d'être et d'envisager notre relation avec eux a changé. Toutefois au-delà de la manière de les considérer, il ne faut jamais oublier que les animaux nous font du bien. Et dans la vie, il faut prendre et aimer tout ce qui nous fait du bien.

Dans les années 1990, une organisation américaine, l'International Association of Human-Animal Interaction Organization (IAHAIO), s'est même spécialisée dans ce genre d'études, et fédère les chercheurs qui travaillent sur le sujet. Leurs découvertes ne prêtent à aucune confusion : les animaux jouent un rôle important auprès des malades souffrant de dépression, et nombreux sont désormais les psys qui, outre-Atlantique, conseillent à leurs patients d'avoir un animal de compagnie. Les ronrons des chats sont une béquille sensationnelle dans ce cas. Les chiens, que l'on doit aller promener, permettent de faire baisser le taux de cholestérol ou de maladies cardio-vasculaires. Les animaux au sein de la famille facilitent la communication, sont un baume pour les enfants, un enrichissement certain (les petits doivent s'en occuper, connaître leur fragilité, leur caractère, et développent ainsi leur empathie). Ils sont des compagnons, au sens propre : ils nous accompagnent et nous comblent de lien et d'amour, ce qui nous apaise.

D'un point de vue purement physiologique, nous avons pour nos petites bêtes des poussées d'amour qui boostent nos sécrétions d'endorphine, la molécule « du bonheur » et de l'attachement. cette émotion forte et brute nous comble et nous apaise. Moi, c'est le cas avec George et Sherlock, le chat, qui me donnent beaucoup d'amour !

Bref, nous sommes des êtres meilleurs et plus épanouis avec des animaux, et ce n'est pas moi, c'est la science qui le dit.

ANECDOTE

Le jour où j'ai découvert... l'équithérapie !

Oui, moi aussi, la première fois que j'ai rencontré ce mot, je me suis dit : c'est quoi, ce truc ? Il s'agit pourtant d'une discipline se développant beaucoup ces dernières années. Cette thérapie prend en charge des personnes en souffrance, grâce à un médiateur : le cheval. Elle intervient notamment auprès des enfants handicapés (moteur ou psychique), des adolescents et des adultes rencontrant des difficultés physiques ou psychologiques. Elle a prouvé ses bénéfices immenses et continue de faire des adeptes. Laissez-moi vous raconter mon expérience.

J'adore tous les animaux de la Terre (j'ai un peu l'impression de me répéter mais c'est la vérité). Or je ne me sentais pas à l'aise avec les chevaux. Moi qui suis dingue de tous les animaux, j'ai l'impression qu'on ne parle pas la même langue (façon de parler pour dire que je ne les comprends pas). Ce n'est pas vraiment qu'ils me font peur, c'est que le lien ne s'établit pas avec eux. C'est idiot, n'est-ce pas ? Comment pouvais-je être à l'aise avec un tigre, mais pas avec un cheval, que je trouve si beau ?

Lors d'une émission, j'ai rencontré une jeune femme qui venait de Tchéquie, on avait fait la même université, un hasard déjà encourageant. Elle est spécialiste des chevaux et soigne des dépressifs, des autistes, des victimes de stress post-traumatique, des femmes battues. Elle m'a expliqué la chose suivante : le cheval est un animal très sensible. Son existence dans la nature est celle d'une proie, il est dépourvu de griffes ou de crocs pour se défendre. Dès lors, son seul moyen de survie est la fuite. Il est donc toujours en alerte et montre une capacité inégalée à capter le langage corporel, à saisir l'insaisissable pour fuir à temps.

Si je suis mal à l'aise, le cheval le sait. Il est comme un miroir émotif. On est stressé ? Il l'est aussi et part. On est à l'aise ? Il s'approche. Son comportement nous éclaire sur le nôtre, sur notre ressenti. En regardant le cheval, on peut s'analyser soi-même, et au bout du compte, repérer notre comportement. Car pour se soigner, la première étape est de comprendre ce que l'on a.

Qu'est-ce que j'avais, moi ? Pourquoi avais-je cette relation étrange avec les animaux ? J'ai accepté, bien sûr, de tenter l'expérience pour le découvrir. Elle m'a placée au milieu de cinq chevaux en liberté. D'abord, j'ai pleuré sans trop savoir pourquoi. Trop de stress sans doute. Puis elle m'a dit que je devais en choisir deux. Elle était avec moi, à mes côtés, et me guidait. La première étape était de les promener. Puis, je devais réussir à leur faire franchir un obstacle. Problème : chaque cheval n'avait en tout et pour tout qu'une minuscule et très fine ficelle, que l'on ne tient pas vraiment, d'ailleurs. La ficelle est posée sur l'index. Conclusion : impossible de tirer.

Le cheval va nous suivre parce qu'il en a envie.

Bien sûr, il y a une dimension psychologique : ces obstacles représentent des événements de notre vie, bons ou mauvais, mais en tout cas symboliques. Moi, j'ai choisi d'incarner dans ces obstacles les défis. Mes obstacles dans la vie, ce sont ces défis que je me lance, qui sont positifs mais aussi stressants et parfois éprouvants.

Au bout d'un long moment, j'ai choisi l'un des chevaux, je me suis approchée tout doucement, et je l'ai mené à l'obstacle. Il a refusé de passer. J'ai recommencé, refait un tour, l'ai ramené à l'obstacle. Rien à faire. J'étais désespérée.

« En réalité, les obstacles ne sont pas importants. Ce qui compte, c'est de continuer de marcher, d'avancer ; c'est ça, la vie. Avancer malgré tout », m'a alors dit mon guide. Et j'ai compris que moi, je m'étais toujours mis trop de pression, je voulais toujours trop bien faire pour que ce soit parfait. Quitte à rester pétrifiée par la peur d'échouer ou de mal faire. Ma façon de marcher disait « non » au cheval, tout lui disait « non, ne passe pas ». Elle m'a apaisée : « Si tu ne passes pas l'obstacle, ce n'est pas grave ! » Et elle avait raison. Elle a effacé d'un coup la pression que je me mets constamment seule, pour être une petite fille modèle. « Réessaie. » Alors j'ai pris le cheval, je l'ai mené à l'obstacle, sereine, et il est passé. Une fois que j'ai lâché prise, il a lâché prise aussi, et n'a plus senti de résistance. Et aussitôt, l'autre cheval est venu vers moi et il a passé l'obstacle ! Cette expérience unique m'a fait prendre conscience du pouvoir des animaux, mais aussi que notre façon d'envisager chaque événement change notre vie. Selon l'angle que nous choisissons pour regarder la vie, celle-ci se déroule plus ou moins facilement. Les heurts et les obstacles n'ont pas le même goût, et toute notre existence s'en trouve bouleversée.

CONCLUSION

Eh bien voilà.

Vous savez tout ou presque.

Comme on dit en France : « Il n'y a plus qu'à »...

Maintenant que vous avez lu mon livre, vous l'avez remarqué, j'aime insister sur ce qui me tient à cœur. Laissez-moi insister une dernière fois sur ces petits essentiels qui vous faciliteront la vie.

Se lever tôt le matin avant d'aller travailler ou sortir le soir pour aller faire du sport n'est pas toujours facile. Passer vingt-cinq minutes en cuisine pour préparer un petit plat alors qu'on pourrait enfourner une barquette toute prête n'est pas aisé. Parfois, vous raterez votre cours de sport. Parfois, vous mettrez la barquette au four.

Et vous savez quoi ?

Ce n'est pas grave.

L'essentiel, c'est de tenir sur la longueur, de se considérer avec bienveillance.

Si vous craquez, ou êtes au bord de le faire, pensez à moi. Pensez à George, mon chien, qui m'oblige à aller transpirer avec lui les jours où je ne suis pas au sommet de la motivation. Pensez à mes chips, dévorées en douce après ma salade déprimante. Je suis comme vous. Je lutte pour prendre soin de moi. On est tous dans le même panier, avec nos moments de forme et nos moments de faiblesse. Trouvez votre motivation, votre moteur (être en bonne santé, vous plaire, participer à un événement précis, etc.) et soyez indulgent avec vous-même. Savoir s'écouter et s'accorder des pauses pour mieux repartir est primordial.

Je vous encourage aussi de tout mon cœur à vous faire confiance. Ce livre constitue une base sur laquelle vous pouvez vous appuyer. N'hésitez pas à tester, modifier, créer, explorer. C'est ce que j'ai fait. Appropriez-vous mes conseils et faites-les vôtres, désormais. Pour tracer votre route.

Je vous souhaite une vie au top du bonheur.

Adriana

TABLE DES MATIÈRES

DEUXIÈME PARTIE

TROISIÈME PARTIE

CRÉDITS

Direction d'ouvrage
Maïté Ferracci
avec la collaboration de Marie Pavlenko

Conception graphique
Fabrice Haes

Fabrication
Christian Toanen, Nikola Savic

Photographies intérieures et de couverture
© Philippe Doignon

Mise en beauté maquillage/coiffure de Madame Adriana Karembeu
Brooklyn mamas (Pauline Pergay).

Achevé d'imprimé en Espagne
Dépôt légal : avril 2017
N° d'impression : 01
ISBN : 978-2-7499-3150-0
LAF 2321